Brigitte
Beutner

Gewürze aus aller Welt
in Garten und Küche

2. Auflage
63 Farbfotos

Ulmer

Inhaltsverzeichnis

Gewürze – Nutzen und Verwendung

Was sind Gewürze?

Gewürze sind die Brücke zu gehobenem Genuss und mehr Wohlbefinden. Sie sind so begehrt für unsere Küchen, ihr Verkauf – auch heute noch – so lukrativ, dass sie jahrtausendelang über die gefährlichen Karawanenstraßen des Orients transportiert und um die Kontrolle ihres Anbaus und Handels während mehrerer Jahrhunderte Kämpfe zwischen den europäischen Seefahrernationen tobten.

Gewürze verfeinern unsere Speisen, tragen wesentlich zu ihrer Verdaulichkeit und Konservierung bei und besitzen prophylaktische und heilende Funktion für unsere Gesundheit. Dies alles bei einem praktisch gegen Null gehenden Kaloriengehalt der verwendeten Mengen.

Erst differenziertes Würzen verwandelt Lebensmittel in bestimmte Gerichte und bringt Vielfalt in die Küche. Gewürze setzen Akzente, indem sie ein beliebiges Einheitsgericht im Handumdrehen in eine attraktive Spezialität, Delikatesse oder Neuschöpfung verwandeln. Darüberhinaus bilden sie die Basis charakteristischer, meist regional oder national gepflegter Würzmischungen und -zubereitungen.

Marktfrauen in Kolumbien bieten Chillies pfundweise an.

Der Begriff Gewürz geht auf das mittelhochdeutsche Wort »Wurz« mit der Bedeutung »Kraut, Pflanze« zurück und bezeichnet zum Aromatisieren der Speisen in kleiner Menge verwendete Pflanzenteile. Sie können frisch oder getrocknet, unzerkleinert, gerebelt oder pulverisiert, außerdem zum Schutz vor Vorratsschädlingen und zur Abtötung von Mikroorganismen begast oder bestrahlt sein.

In der Mehrzahl der Fälle sind die begehrten Würzstoffe nur in bestimmten Teilen der Gewürzpflanzen konzentriert enthalten. Es kommen daher Wurzeln und Rhizome (Angelika, Ingwer), Rinden (Zimt, Kassia), Blätter (Petersilie, Majoran, Salbei, Lorbeer), Blüten und Blütenteile (Lavendel, Kapern, Nelken, Safran), Milchsaft (Asant oder Asafoetida), Früchte (Paprika, Tamarinde, Limette, Sumachbeere), Samen und Samenmäntel (Fenchel, Pfeffer, Kardamom, Muskat und Muskatblüte) überwiegend tropischer und subtropischer aber auch einheimischer Pflanzenarten zum Einsatz.

Vielfach bestehen fließende Übergänge von den Gewürzpflanzen sowohl zum Gemüse und Obst als auch zu den Heilpflanzen, was sich in Art und Gehalt der sogenannten sekundären Pflanzeninhaltsstoffe (Gerb-, Bitter-, Scharfstoffe und andere) – der eigentlichen Aromaträger – dokumentiert. Diese können im Körper bestimmte Funktionen stimulieren, wie die Nahrungsaufnahme, die Verbesserung von Verdauung und Nahrungsverwertung, Kreislauf und Organtätigkeiten. Auch erleichtern und ersetzen sie manche Prozesse, zum Beispiel durch desinfizierende, tonische (stärkende) und andere Wirkungen.

Neben ihrem kulinarischen und gesundheitsfördernden Wert für die menschliche Nahrung sind Gewürze bedeutende Rohstoffe für die Genussmittel- und Pharmaindustrie sowie für Kosmetik- und Parfümhersteller.

Aromastoffe, Geschmacksempfindung und gesundheitliche Wirkung

Gewürzaromen sind Gemische aus Duft- und Geschmacksstoffen und werden über das Zusammenspiel von Geruchs- und Geschmackssinn wahrgenommen.

Die Bestandteile natürlicher wie künstlicher Aromen sind Kohlenwasserstoffe, Ketone, Terpene, Schwefelverbindungen, Ester und Phenolether.

Natürliche Aromen sind im allgemeinen um ein Vielfaches reicher an Geschmacks- und Duftstoffverbindungen als synthetische Aromen und entsprechend köstlicher und teurer als letztere. Natürliches Vanillearoma setzt sich beispielsweise aus Vanillin und 35 weiteren Komponenten zusammen, einige andere Aromen gar aus Hunderten von Einzelverbindungen. Manche Aromen sind nur als Geschmacksvorstufen in den Pflanzenteilen enthalten und müssen durch Trocknung (Cumarin zum Beispiel in Waldmeister), Fermentation (Vanille, Kakao), enzymatische Tätigkeit (Senf), Röstung (Zimt, Curry) oder Gärung (Wein, Essig) erschlossen werden.

Während man nur sechs echte Geschmacksarten – salzig, sauer, süß, bitter, herb und scharf – unterscheidet, gibt es eine beinahe unerschöpfliche Vielfalt von Düften und ihren Abstufungen, welche in Kombination mit den sechs Geschmacksarten den Reichtum der kulinarischen Möglichkeiten ausmachen.

Der besondere Wert der Gewürze ergibt sich durch einen gegenüber anderen Nahrungsmitteln erhöhten Gehalt folgender Stoffe:

Ätherische Öle

Sie werden in den Ölzellen der Pflanzen gebildet und sind überwiegend reine Duftstoffe, besitzen in einigen Fällen auch brennenden (Thymian, Bohnenkraut) oder kühlenden (Pfefferminze, Melisse) Effekt. Warmes oder heißes Klima begünstigt die Bildung der aromatischen Öle. Ihr Gehalt in den Gewürzen beträgt zwischen 1 und 20 %, wobei Blüten, Samen und Samenmäntel die höchsten Konzentrationen aufweisen, gefolgt von Wurzeln und Blättern.
Aromatische Öle sind nichtfettende Öle, die sich leicht in Fett, Öl und Al-

Auf luftigen Holzgestellen wird Oregano in der Karibik getrocknet.

kohol, nicht jedoch in Wasser lösen und sich bereits bei Zimmertemperatur verflüchtigen. Man kennt mehr als 1500 verschiedene ätherische Öle, aus denen wiederum mehr als 1000 chemische Stoffe in reiner Form analysiert wurden. Ihre Bestandteile sind Terpene – vor allem Mono-, Di-, und Sesquiterpene (zum Beispiel Campher, Eugenol, Geraniol, Limonen, Menthol, Pinen), Alkohole, Ester, Ketone, Lactone, Phenole und Säuren. Je nach Zusammensetzung entfalten ätherische Öle unterschiedliche Wirkungen.

Scharfstoffe

Brennender oder scharfer, manchmal metallisch-scharfer Geschmack, beruht auf ätherischen Ölen (zum Beispiel Senf- oder Knoblauchölen) oder Alkaloiden (Piperin in Pfeffer oder Capsaicin in Chilipfeffer). Nicht alle Scharfstoffe der ätherischen Öle sind hitzeresistent, weshalb zum Beispiel Zwiebeln durch Erhitzen süß werden, Bohnenkraut jedoch seine Schärfe behält. Alkaloid-Scharfstoffe sind hitzeunempfindlich.

Scharfstoffe erleichtern durch ihren auflösenden Effekt die Verdauung schwerer, fetter Speisen und wirken bakterizid.

Bitterstoffe

Sie bestehen überwiegend aus Terpenen mit Lactonringen und kommen häufig als Glykoside, das heißt an Zuckerarten gebunden, vor. Sie sind wasserlöslich, hitzeresistent und bewirken über Reflexe eine vermehrte Sekretion von Speichel, Galle und Magensaft. Damit beschleunigen sie die Verdauung, verbessern die Nährstoffverwertung und wirken der Entstehung schädlicher Gärungs- und Fäulnisprozesse indirekt entgegen. Sie sind magen- und nervenstärkend, vielfach tonisch und werden unter anderem zu Bittermitteln (»Amara«) und Tonika verarbeitet.

Gerbstoffe

Sie werden von Pflanzen in Form von Gallotanninen, Pyrogallofarbstoffen und Polyphenolen zur Abwehr von Tierfraß und Fäulnis gebildet und haben die vor allem in der Gerberei genutzte Eigenschaft, Proteine zu fällen, das heißt mit Eiweißkörpern unlösbare Verbindungen einzugehen. Gerbstoffe schmecken herb, sind wasserlöslich und hitzeresistent. Sie wirken zusammenziehend auf Schleimhäute und Haut sowie konservierend und desinfizierend durch Hemmung oder Abtötung von Bakterien.

Einige herbe Kräuter sind nierenwirksam und entwässernd. In Überdosierung führen Gerbstoffe zu Verstopfung und können in hohen Dosen den Darmtrakt durch ihre gerbende Funktion schädigen.

Orientalische Gewürzkompositionen laden zum Genießen ein.

Organische Säuren

Aus Gewürzpflanzen gewonnen können sie natürliche Fruchtsäuren (von Zitrone, Tamarinde, Sumachbeere) oder Gärungssäuren (Wein, Essig) sein. Saurer Geschmack tritt in heißen Speisen verstärkt, zuweilen als stechende Note hervor, doch verdampfen Essigsäuren leicht bei hohen Temperaturen, während Fruchtsäuren durch Hitzeeinwirkung zum Teil in Zuckerstoffe umgewandelt werden. Saures wirkt erfrischend und belebend durch Entlastung und Anregung der Leber. Im Übermaß genossen schaden starke Säuren vor allem Magen und Zähnen.

Vitamine, Mineralstoffe, Spurenelemente

Sie sind in erhöhter Menge und fast ohne Begleitung von Kalorien in den meisten Gewürzen enthalten und ergänzen die kalorienreicheren, doch vitamin- und mineralstoffärmeren Grundnahrungsmittel ideal zu einer sowohl schmackhaften als auch gesundheitlich wertvollen Kost.

Geschichte der Verwendung von Würzmitteln und des Gewürzhandels

Die Kenntnis der einheimischen essbaren Pflanzen, der Gewürze, Heilpflanzen und auch der natürlichen halluzinogenen Drogen ist in allen Kulturen der Welt relativ früh nachweisbar.

Heilpflanzen und ihre medizinische Verwendung waren zum Überleben unerlässlich, und über viele Jahrhunderte beschränkte sich die medizinische Behandlung auf die Verwendung pflanzlicher Heilmittel.

Gewürze hatten neben gewissen gesundheitlichen Wirkungen vor allem zwei wesentliche Aufgaben: Sie mussten das Salz ersetzen, denn Salz war in vielen Gegenden unerschwinglich teuer; und sie mussten manchen unerwünschten Geschmack überdecken. Da man in früheren Zeiten keine Möglichkeit der Kühlung für verderbliche Lebensmittel, vor allem für Fleisch hatte, erlegtes Wild und geschlachtetes Vieh aber oft in größeren Mengen vorrätig war, konnte der unweigerlich einsetzende üble Geschmack nur durch starke Gewürze gemildert werden.

Schon in steinzeitlichen Pfahlbauten wurden Würzpflanzen wie Angelika und Kümmel genutzt.

Die Begehrtheit der Gewürze Indonesiens, Indiens, Sri Lankas (Ceylon) und Chinas in anderen Teilen der Alten Welt und ihr für fahrende Kaufleute ideales Preis-Mengen-Verhältnis machten sie schon früh zu überaus gewinnträchtigen Handelsgütern über tausende von Kilometern hinweg.

Man schätzt das Alter der Karawanenstraßen, die Europa sowie den Vorderen und Mittleren Orient mit Indien und China verbinden, auf etwa 5000 Jahre. Phönizier, Araber und Römer, Venezianer und Genueser schöpften einen beträchtlichen Anteil ihrer Gewinne aus dem Gewürzhandel.

Kräuter- und Gewürzstände verströmen verlockende Düfte.

Die durch den Zusammenbruch des Römischen Reiches ausgelöste Unterbrechung des Gewürzhandels auf dem Seeweg fand ein Ende, als die Portugiesen den Seeweg nach Osten um das Kap der Guten Hoffnung entdeckten. Sie bekamen aber sehr bald in den anderen seefahrenden europäischen Nationen Holland, Frankreich und England, die zeitweilig den Gewürzhandel als Monopolisten beherrschten, mächtige Konkurrenten. Sie verknappten durch rigorose Kontrolle die produzierten Gewürzmengen und somit den Handel, um die Verkaufspreise unvorstellbar hoch zu halten.

Nur Spanien wandte sich auf der Suche nach einem neuen Seeweg zu den Gewürzinseln nach Westen, was zur Entdeckung Amerikas und zur ersten Weltumsegelung führte und der Alten Welt neue Nahrungspflanzen, Gewürze und vor allem Siedlungsraum erschloss.

Heute werden Gewürze in allen Ländern angebaut, die für die jeweilige Pflanzenart klimatisch und von den Bodenverhältnissen her günstige Voraussetzungen bieten, so dass sie in bester Qualität zu erschwinglichen Preisen für jedermann erhältlich sind.

Die Verwendung bestimmter Gewürze und Gewürzmischungen in den landestypischen Speisen ist Teil der gewachsenen Kultur jedes Landes und

Aromagärten sind schön und nützlich zugleich.

deshalb so charakteristisch und einzigartig.

Manche Urlaubsreise in ferne Gegenden wird nicht zuletzt auch wegen der exotischen Küche dieser Länder unternommen. Wer streift nicht gerne durch fremde Märkte und bringt das eine oder andere Gewürz nach Hause, um es dort mehr oder weniger erfolgreich zu verwenden?

Nicht umsonst sind die typischen Gerichte in heißen Ländern besonders scharf und stark gewürzt.

Heißes subtropisches und feuchtheißes tropisches Klima stellen an die Gesundheit des Menschen hohe Anforderungen, weshalb in Ländern dieser Klimazonen desinfizierende, fungizide und antiseptische Gewürze (zum Beispiel Knoblauch, Nelken, Zitronenschale, Zimt) als angenehme, praktische und billige Gesundheitsprophylaxe vermehrt im Küchengebrauch sind.

Der Kräutergarten

Die ältesten Kräutergärten in Mitteleuropa sind aus Klöstern bekannt. Dann kamen dazu die Apothekengärten und sicher sehr früh wurden auch in Bauerngärten Heil- und Würzkräuter gepflanzt. Heute haben Kräutergärten mit zum Teil jahrzehntelang in Vergessenheit geratenen Arten neue Beliebtheit erlangt. Viele historische Kräutergärten wurden wieder restauriert und öffentlich zugänglich gemacht.

Anbau von Gewürzpflanzen

Einheimische, subtropische und sogar einige tropische Gewürzpflanzen können im Garten, auf dem Balkon oder auf dem Fensterbrett erfolgreich kultiviert werden, wenn man ihre art- und

sortenspezifischen Ansprüche an die Licht- und Bodenverhältnisse beachtet. Gemeinsam ist allen Gewürzpflanzen ihr Verlangen nach windgeschützten Standorten. Sonnige bis halbschattige Süd-, Südost- und auch Südwestlagen eignen sich am besten.

Da die meisten Kräuter nur wenig Platz beanspruchen, und zum Würzen oft wenige Blättchen oder Stiele genügen, braucht ein Kräutergarten nur wenig Platz.

Schon ein großer Balkonkasten, ein paar Kübel und Töpfchen reichen aus, um die wichtigsten Kräuter zur Verfügung zu haben.

Ideal ist natürlich der Kräutergarten oder ein Kräuterbeet als Teil des Gemüsegartens, aber auch in einem Staudenbeet lassen sich zwischen Zierstauden sehr gut Kräuter ziehen. Oft sind sie selbst auch durchaus ein Schmuck.

Ein Kräuterbeet sollte nicht allzu weit von der Küche entfernt sein, denn was nützen die besten Kräuter, wenn der Weg zu weit, die Bequemlichkeit zu groß ist, um sie hereinzuholen.

Bei der Bepflanzung eines Kräuterbeetes beginnt man mit den mehrjährigen Arten. Hohe Stauden kommen in den Hintergrund, die niedrigeren Arten abgestuft davor, so dass alle gleichmäßig Sonne bekommen. Die ein- und zweijährigen Pflanzen kann man je nach Höhe dazwischen setzen.

Anregung bieten Kräuterlehrgärten und Schaugärten in alten Klostermauern, botanischen Gärten und auf Gartenschauen.

Nicht frostharte Topf- und Kübelpflanzen, die den Winter im Haus verbringen, gewinnen an Gesundheit, Widerstandskraft und Wachstum, wenn sie während der warmen Jahreszeit ins Freiland ausgepflanzt werden. Dadurch reduziert sich die Gefahr eines Schädlingsbefalls nicht nur während des Sommers, sondern auch für die Überwinterungsphase wesentlich.

Helle, besonders weiße Pflanzgefäße schützen die Wurzeln von Topf- und Kübelpflanzen besser vor Überhitzung und Austrocknung an vollsonnigen Standorten als dunkle Gefäße.

Frische Küchenkräuter erfreuen Auge und Gaumen.

Das Entspitzen der Triebe im zeitigen Frühjahr fördert die Verzweigung der Pflanzen und erhöht die Erträge an Blättern, Blüten und Samen.

Ein Kräuterbeet für den täglichen Bedarf

Ein einfaches Kräuterbeet kann für den Anfang folgende Kräuter enthalten: Schnittlauch, Petersilie, Majoran, Salbei, Zitronenmelisse, Minze, Rosmarin, Thymian, Liebstöckel, Sauerampfer.

Das genügt für Suppen, Gemüse und Salate. Bis auf Schnittlauch und Petersilie werden diese Gewürzstauden im Lauf der Zeit recht groß und können kräftig zurückgeschnitten werden. Einzelheiten zum Anbau und zur Verwendung sind bei den jeweiligen Pflanzenbeschreibungen zu finden.

Einige Gewürzkräuter werden alljährlich aus Samen gezogen, wie

Kresse, Kerbel, Petersilie, Dill, Borretsch, Bohnenkraut.

Die jeweils benötigte Anzahl der Pflanzen hängt von der Haushaltsgröße und der Häufigkeit der Verwendung eines Gewürzes ab. Steckzwiebeln beispielsweise ersteht man pfundweise, während von Liebstöckel und den meisten anderen Stauden meist eine Pflanze genügt.

Viele Gärtnereien, Gartencenter, Gemüse- und Lebensmittelläden bieten Jungpflanzen und Samen an.

Ernte

Küchenkräuter werden den ganzen Sommer über, manche auch im Winter geerntet und sollten möglichst frisch verbraucht werden. Gleich nach dem Schnitt ist ihr Aroma am stärksten. Ihren höchsten Gehalt an ätherischen Ölen haben die meisten Kräuter kurz vor der Blüte, weshalb man zum Trocknen bestimmte Gewürze am besten zu diesem Zeitpunkt an einem trockenen warmen Tag erntet.

Die Ernteperiode vieler Kräuter kann durch regelmäßiges Ausknipsen der Blütenknospen verlängert werden, was sich besonders für einjährige Kräuter, zum Beispiel Kerbel und Dill, die nach der Blüte rasch absterben, empfiehlt.

Die Haupterntezeit für Zwiebeln, Knollen, Samen und Früchte dagegen ist der Spätsommer oder Herbst, wenn sie reif sind und ihr volles Aroma entwickelt haben.

Konservierung

Trocknen, einfrieren, einsalzen, in Öl, Essig oder Salz einlegen und in Sand einschlagen sind die gebräuchlichsten Konservierungsmethoden für Gewürze.

Die Trocknung muss bei Temperaturen unter 35 °C an einem windstillen, trockenwarmen und schattigen Ort erfolgen, um die ätherischen Öle vollständig zu erhalten. Kräuter werden gebündelt kopfüber aufgehängt, Zwiebeln zu Zöpfen geflochten oder in Kisten ausgebreitet. Samenstände steckt man zum Trocknen in ein Säckchen aus locker gewebter Baumwolle, damit die Samen beim Herausfallen aufgefangen werden. Trockene Blätter streift man von den Stängeln ab und lagert sie vorzugsweise unzerkleinert. Wurzeln lässt man erst welken, bevor man sie in kleine Stücke schneidet und diese trocknet.

Zum Einfrieren und Einlegen in Öl oder Essig bestimmte Kräuter müssen trocken sein. Sie werden nach der Ernte nur gewaschen, wenn sie an einem Platz wachsen, wo sie verunreinigt werden, beispielsweise durch Abgase an einer Straße, oder wenn starke Regenfälle Erde aufgespült haben oder Pflanzenschutzmittel ausgebracht wurden. Nach dem Abspülen werden die Kräuter eventuell in einem Küchentuch trockengeschleudert.

Einsalzen geschieht durch Einlegen der trockenen, unzerkleinerten Kräuterblätter in Kochsalz (180 g Salz pro kg Kräuter).

Einschlagen in feuchten Sand oder Torf hält Wurzel- und Knollenge-

würze, zum Beispiel Petersilienwurzeln und Sellerieknollen, lange Zeit frisch.

Lagerung

Der Einfluss von Licht, Luft und Feuchtigkeit mindert die Würzkraft und muss durch Aufbewahrung der Gewürze in luftdichten Behältnissen an einem dunklen oder zumindest nicht besonnten Ort ausgeschlossen werden.

Die Herdnähe ist wegen des aufsteigenden Dampfes ebenfalls ein ungünstiger Ort für Gewürze. Beim Würzen heißer Speisen darf man die Gewürzgläschen nicht über den dampfenden Kochtopf halten oder mit feuchten Fingern Gewürze entnehmen.

Praktisch sind außerdem möglichst verschiedene Behältnisse für die unterschiedlichen Gewürze, denn beim Kochen ist rascher Zugriff auf alle Zutaten ohne längeres Suchen wünschenswert.

Länger als ein Jahr sollte man Gewürze nicht aufbewahren, da sie sonst schal werden. Insbesondere Kräuter nehmen durch zu lange Lagerung leicht ein heuartiges Aroma an.

Pfefferminz- und Dostbündel trocknen an einer Schuppenwand.

Gewürze für die Küche

Neben den Gewürzen aus dem eigenen Garten spielen viele exotische Gewürze, die man nicht selbst anbauen kann, eine wichtige Rolle.

Lange Lagerzeiten mindern den Wert der Gewürze.

Für den Haushalt kauft man sie deshalb am besten in kleinsten Mengen in vielbesuchten Geschäften. Dort hat man eine gewisse Sicherheit, dass die Gewürze wirklich frisch sind. Eine lange Lagerdauer zu Hause ist zu vermeiden. Unzerkleinerte Gewürze behalten ihr Aroma länger als gerebelte oder pulverisierte. Gerebelte Kräuter sind pulverisierten vorzuziehen; sie können bei Bedarf portionsweise pulverisiert werden.

Würztipps für die feine Küche

- Je feiner ein Gewürz zerkleinert wird, desto stärker ist seine Würzwirkung auf die Speisen. Allerdings kann in manchen Speisen der Biss auf ein Gewürzkorn wie Pfeffer oder Kümmel interessanter sein als die homogene Würzung durch ein Pulver. Die optische Wirkung eines ganz belassenen Gewürzes kann außerdem auch erwünscht sein.
- Dunkle Gewürzpulver machen helle Saucen, Marinaden, Chutneys, Relishes, eingelegtes Gemüse, Kompott, Desserts und Getränke (Bowlen, Punsch, Gewürztees, Likör) unansehnlich. Deshalb werden solche Gewürze unzerkleinert oder nur grob zerstoßen verwendet und vor dem Servieren entfernt. Man kann sie auch in einem Mullsäckchen mitkochen und auf diese Weise leicht danach entfernen.
- Es empfiehlt sich, Gewürzpulver oder gerebelte Trockenkräuter zwischen den Fingern zu reiben, bevor man sie an die Speisen gibt. Dadurch werden die Aromastoffe verstärkt freigesetzt.
- Trockengewürze werden um ein Viertel bis ein Drittel geringer dosiert als Frischgewürze, da in ersteren die enthaltenen Scharf-, Gerb- und Bitterstoffe geschmacklich stärker hervortreten.
- Unzerkleinert verwendete Gewürze müssen höher dosiert werden als Pulver, um eine vergleichbare Würzintensität zu erzielen.
- Derbe Blätter (Lorbeer, Rosmarin) und getrocknete unzerkleinerte Gewürze (Nelken, Pimentkörner, Kümmel und dergleichen) können ihr Aroma nur zufriedenstellend abgeben, wenn sie mitgekocht werden oder in Marinaden längere Zeit einwirken.
- Gehackte zarte Frischgewürze (wie Kerbel oder Ingwer) kocht man nur kurz mit oder gibt sie nach dem Garen den Speisen bei. Frischgewürze sollte man besser erst unmittelbar vor dem Gebrauch zerkleinern, um das Aroma und die enthaltenen Vitamine zu schonen.
- Getrocknete gerebelte Kräuter und Gewürzpulver lässt man erst gegen Ende der Garzeit kurz mitkochen und einige Minuten mitziehen.
- Warmes bis heißes Milieu intensiviert das Gewürzaroma, während es in kalten oder gefrorenen Speisen abgeschwächt wird. Die Beachtung dieser Eigenschaft ist wichtig bei der Zubereitung von Gerichten, die wärmer zubereitet als verzehrt werden, zum Beispiel Marmeladen, Kompotte, Aspiks, Pasteten, Würste, Eiscremes und dergleichen.

- Über die korrekte Dosierung von Gewürzen existieren einander widersprechende Theorien. In der Praxis ist die Dosierung dann richtig, wenn die Speise den Essern schmeckt. Dies wiederum hängt vom Klima, der Nahrungszusammenstellung, der Gewohnheit, dem Lebensalter und dem Gesundheitszustand ab und kann auch von Tag zu Tag und von Speise zu Speise variieren. Unterdosierung animiert zum Nachwürzen, während Überdosierung als unangenehm bis ungenießbar empfunden wird.
- Frischkräuter werden am besten nur kurze Zeit in einer Plastiktüte im Kühlschrank aufbewahrt, Schnittlauch wird ins Wasser gestellt.
- Welke Kräuter werden wieder knackig, wenn man sie zehn Minuten in lauwarmes Wasser legt, dann die Stiele frisch anschneidet und die Kräuter 20 Minuten lang in kaltem Wasser Feuchtigkeit auftanken lässt.
- Rohen Knoblauch und rohe Zwiebeln erst unmittelbar vor Verwendung zerkleinern und nicht kühlen, da sie sonst einen unangenehmen Geschmack entwickeln.
- Sollen Kräuter und Gewürze nicht einzeln im Gericht herumschwimmen, kocht man sie in einem Mullsäckchen mit, das vor dem Anrichten entfernt wird.
- Helle Saucen, Dressings, Cremes, Puddings und dergleichen erhalten durch eine Messerspitze Kurkumapulver einen appetitlichen buttergelben Farbton, ohne dass der Geschmack merklich verändert wird.
- Trockenrösten in einer Pfanne bei mittlerer Temperatur unter ständigem Rühren verbessert und intensiviert den Geschmack von Ölsaaten (Sesam, Leinsamen), Nüssen und einiger Gewürze (unter anderem Kurkumapulver, Kreuzkümmel, Sichuan-Pfeffer). Kurzes Erhitzen der rohen Gewürze in heißem Butterschmalz ist deshalb in der indischen Küche obligatorisch und führt in generalisierter Form zum typischen Currygeschmack.
- Haben Gewürze durch längere Lagerung an Aroma eingebüßt, gleicht man dies durch Erhöhung der verwendeten Menge aus.
- Paprika-, Gulasch- und Currypulver gibt man erst nach dem Anbraten zu, da sie sonst bitter werden und an Geschmack verlieren. Sie entfalten ihr Aroma am besten in Schmorgerichten.
- Schmeckt eine Speise trotz kräftigen Würzens flach, dann fehlt oft eine Spur Säuerungsmittel (Wein, Yoghurt oder Sauerrahm, Saft von Zitrone, Limette, Tamarinde, Granatapfel, Sumachbeere, auch Worcestershiresauce oder Essig).
- Übersalzene und zu scharfe Speisen können durch Zugabe von Joghurt oder Sauerrahm abgemildert werden.

- Zu saure oder bittere Speisen werden durch Zugabe von etwas Zucker harmonischer.
- Die Zugabe einiger Salzkörnchen kann den Geschmack süßer Gerichte intensivieren und interessanter machen, besonders von Kuchen und Obstspeisen.
- Ein bis zwei Esslöffel mit wenig kaltem Wasser glattgerührtes Sesam-, Erdnuss- oder Cashewmus binden pikante wie süße gekochte Saucen geschmackvoll exotisch.
- Fortgesetzte Genussfreude setzt Abwechslung bei den Speisen und der Würzung voraus, was dank der Vielfalt der Gewürze mühelos erreichbar ist.

Die Kunst des Gewürzmischens

Gewürzmischungen sind Kunstwerke und die exakten Mengen der darin enthaltenen Grundgewürze das bestgehütete Geheimnis jedes Gewürzherstellers.

Im Haushalt begnügt man sich meist mit der Zubereitung von Kräutersalz, doch können selbsthergestellte Gewürzmischungen die Palette der konfektionierten Marktware erweitern und wie diese Zeit sparen helfen.

Bestimmend für die Auswahl der für eine Mischung zusammengestellten Gewürze ist in erster Linie der Verwendungszweck. Sollen Fleischgerichte, Fisch, Geflügel, Eierspeisen, Gemüse, Salate, Backwaren oder Desserts damit gewürzt werden? Soll die Gewürzmischung nur für bestimmte Gerichte, zum Beispiel Ragout, Kartoffelspeisen oder Obstkompotte verwendet werden?

Verschiedene Gerichte verlangen, abgesehen von einigen Universalwürzmitteln, unterschiedliche Gewürze.

Salziges und Süßes für sich allein wird meist als langweilig empfunden, weshalb man diese Geschmacksarten durch Hinzufügen von Säure, etwas Schärfe, einer Portion Bitterem oder Herbem oder mehrerer dieser Geschmacksvarianten erweiternd verfeinert.

Um die passende Zusammenstellung von Gewürzen zu erleichtern, unterscheidet man zunächst in Gewürze für pikante Speisen, Süßspeisengewürze und zweiwertige Gewürze.

Gewürze für Pikantes

Gewürze für pikante Speisen sind zum Beispiel Pfeffer, Paprika, Kümmel, Kreuzkümmel, Oregano, Thymian, Lorbeerblätter, Pilze, Wacholderbeeren, Zwiebeln, Knoblauch, Rosmarin und viele andere.

Eine frische Ingwerwurzel duftet zitronenähnlich und schmeckt süßlich scharf.

Gewürze für Süßes

Ausschließliche Süßspeisengewürze gibt es nur wenige. Dazu zählen Vanille, Anis, Waldmeister, Zitronat und Orangeat, Kalmuswurzel und Süßholz.

Zweiwertige Gewürze

Zweiwertige Gewürze sind sowohl zum Würzen pikanter wie auch süßer Speisen geeignet, zum Beispiel Zimt, Nelken, Kardamom, Pfefferminze, Zitronensaft und -schale, Ingwer, Sternanis, Muskat, Wein, Ysop und dergleichen.

Gewürze für pikante Speisen kann man nach Belieben miteinander mischen, ebenso wie Süßspeisengewürze.

Zweiwertige Gewürze werden pikanten und süßen Würzmischungen zur Akzentuierung beigefügt und machen diese spannender und interessanter. Kardamom, Koriander, Zimt und Nelken beispielsweise sind sowohl in Currypulver als auch in Lebkuchengewürz enthalten.

Kombinationen aus Gewürzen unterschiedlicher Geschmacksarten korrigieren und ergänzen sich so gegenseitig zu harmonischen Charaktergewürzen, die bestimmten Speisen ihr typisches Aroma verleihen.

Die Gewürze

Alantblüten beleben den Hintergrund eines Staudenbeetes von Mai bis September.

Wurzeln

Alant

Inula helenium

Familie: Compositae

Aussehen und Herkunft: Der ausdauernde Alant ist eine bis zu 2 m hohe, eindrucksvolle behaarte Großstaude mit gelben Korbblüten von Mai bis September, großen, zugespitzt eiförmigen, an ihrem Rand fein gezähnten Blättern und bis zu armdicken rübenförmigen Wurzeln. Obwohl die Pflanze bei uns vereinzelt wildwachsend vorkommt, liegt ihr ursprüngliches Verbreitungsgebiet vermutlich in Zentralasien. Von dort breitete sie sich zunächst ins Mittelmeergebiet aus und galt bei den Griechen schon früh als Heilpflanze.

Kultur: Alant steht gern im Hintergrund des Staudenbeetes, wo sein Wurzelbereich beschattet ist.

Inhaltsstoffe: Ätherisches Öl mit Alantolactonverbindungen, Inulin, Pektin, Harze und Bitterstoffe.

Gewürz: Gewürz und Arzneidroge ist der im Herbst geerntete Wurzelstock mit seinem angenehmen, eigentümlich bitter-harzigen Aroma. Geschnittene, getrocknete Alantwurzel ist in Apotheken erhältlich.

Konservierung: Trocknen, Kandieren, Alkoholauszug.

Verwendung: Alantwurzel kann ähnlich der Kalmuswurzel (siehe Seite 28) in geringer Menge als Gewürz zu Süßspeisen und Bitterlikören verwendet werden. Von der Likörindustrie wird die Wurzel zu Magenbittern, von Heilmittelherstellern zu Hustenmitteln, Leber-, Galle- und Magentonika verarbeitet.
Gesundheitswert: Galletreibend, antiseptisch, hustenlindernd durch schleimlösende Wirkung, harntreibend, beruhigend, magenstärkend, tonisch, wurmtreibend. Überdosierung kann zu Erbrechen führen.

Die Engelwurz beeindruckt durch ihre majestätische Gestalt.

Engelwurz

Angelica archangelica,
syn. *A. officinalis*
Familie: Umbelliferae
Angelika, Brustwurz, Eberwurzel, Heiligenbitter, Zitronenkraut

Aussehen und Herkunft: Mit über 2 m Höhe und einem ausladenden Wuchs ist die zweijährige Angelika eine sehr dekorative Gestalt, wenn nicht sogar die beeindruckendste unserer Würzkräuter. Handtellergroße, gelblichgrüne Blütendolden im Juni bis August, intensiv aromatisch duftende gefiederte Blätter und eine bis zu armdicke verzweigte Wurzel kennzeichnen die Pflanze. Sie kommt in verschiedenen Varietäten in Nord-, Mittel- und Osteuropa, Zentral- und Westasien bis in 3000 m Höhe wildwachsend vor. Schon in altindischen Sanskritschriften wird sie als Heilpflanze aufgeführt.
Kultur: Die Engelwurz liebt tiefgründigen, feuchten Boden in voller Sonne und gedeiht gut im feuchten Randbereich eines Gartenteiches.
Inhaltsstoffe: Ätherisches Öl, Cumarin, Angelikasäure, Gerbstoffe, Harz, Wachs und Bitterstoff.
Gewürz: Alle Teile der Pflanze einschließlich der Blüten und flach-ovalen Samen sind als Gewürz, vor allem für Süßspeisen, geeignet. Sie schmecken süßlich-aromatisch, im Nachklang bitter mit leichter Schärfe. Die Stengel ergeben kandiert eine bittersüße Leckerei. Am gefragtesten sind die getrocknete Wurzel und die Samen. Geschnittene oder gepulverte Angelikawurzel und Samen sind in Apotheken erhältlich.

Apotheken- und Kräuterläden führen getrockneten Galgant.

Verarbeitung: Frische Pflanzenteile je nach Bedarf schneiden oder hacken.
Konservierung: Trocknen, Einfrieren, die Stängel kandieren.
Verwendung: Blätter, Stiele und Früchte frisch oder getrocknet wegen der enthaltenen Bitterstoffe in mäßiger Menge als Süßspeisengewürz, aber auch zu Saucen, Suppen und Salaten.

Am gebräuchlichsten ist die Verwendung des alkoholischen Wurzelauszugs zum Ansatz von Kräuterlikören in Haushalt und Likörindustrie. Die bekanntesten Angelikaspirituosen sind Benediktinerliköre und der Kartäuserschnaps »Chartreuse«.

Die Engelwurz ist eine der wenigen bitterstoffhaltigen Pflanzen, die für sich allein einen ausgesprochen würzigen, wohlschmeckenden Likör ergeben, den man auch leicht im Haushalt ansetzen kann.
Gesundheitswert: Appetitanregend, nervenbelebend, magen- und verdauungsstärkend. Im indischen Ayurveda (Volksheilkunde) gilt die Angelikawurzel neben dem asiatischen Spargelgewächs »Shatavari« (*Aspargus racemosus*; Liliaceae) als eines der besten Verjüngungsmittel für Frauen (nicht bei Schwangerschaft, da abortiv).

Galgant

Alpinia galanga
Familie: Zingiberaceae
Großer Galgant, Siamesischer Ingwer
Weitere Arten: Kleiner Galgant
(Alpinia officinarum)

Aussehen und Herkunft: Die mehrjährige tropische Galgantstaude ist ein schilfähnliches Ingwergewächs mit zwei Varietäten. Aus einem fleischigen Rhizom entspringen bis 1,8 m hohe Stengel mit weißen Blütentrauben, die von langen Blättern umgeben sind. Der aromatischere Große Galgant (*A. galanga*) stammt aus Indonesien und wird höher als der Kleine Galgant (*A. officinarum*). Letzterer wird schon seit Jahrtausenden in Südchina und Indien genutzt. Das Interesse gilt dem aromatischen, bis 1 m langen Wurzelstock, der beim Kleinen Galgant rotbraun, beim Großen Galgant gelblich bis weiß ist.
Inhaltsstoffe: Ätherisches Öl mit Terpenen und Eugenol, harzartige Scharfstoffe (Galangol) und Flavonoide.
Gewürz: Als Gewürz dient der frische oder getrocknete, kampferartig duftende, herb-scharfe Wurzelstock. Getrockneten geschnittenen Galgant oder das cremefarbene oder rotbraune Pulver erhält man in Gewürz-

läden, Apotheken und asiatischen Spezialitätengeschäften, dort unter anderem unter der Bezeichnung »laos« (indonesisch) oder »khaa« (thailändisch), seltener auch als Frischware.

Verarbeitung: Frischen, dünn geschnittenen Galgant hackt oder reibt man wie frischen Ingwer. Getrockneter Galgant wird geschnitten oder als Pulver verwendet.

Verwendung: Zu südostasiatischen, besonders indonesischen Spezialitäten aus Fleisch, Fisch und Gemüse. In Europa ist Galgant traditionell in herbwürzigen Lebkuchengewürzen und in Magenbittern enthalten und wird neuerdings auch wieder für pikante Gerichte verwendet.

Gesundheitswert: Anregung der Magensaftsekretion, magenstärkend, verdauungsfördernd, antibakteriell.

Ingwer

Zingiber officinale

Familie: Zingiberaceae

Aussehen und Herkunft: Die ausdauernde Ingwerpflanze hat etwa 1,5 m hohe, mit länglich-schmalen Blättern besetzte Stengel, daneben 20 cm hohe Blütenschäfte mit auffälligen, gelb- und lilafarbenen Lippenblüten. Die knolligen Wurzelstöcke (Rhizome) ähneln deformierten menschlichen Händen und werden dementsprechend als sogenannte »hands« gehandelt.

Ingwer stammt aus dem tropischen Südostasien und ist das typischste gemeinsame Gewürz aller dortigen Länder, deren Küchen die gelbfleischigen Wurzelstöcke hauptsächlich als Frischgewürz bereichern.

Hauptanbaugebiete sind China, Indien, Japan, Westindien und tropische Länder Afrikas.

Inhaltsstoffe: Bis 3,3 % ätherisches Öl mit dem Hauptbestandteil Zingiberen, Scharfstoff Gingerol und Harze.

Gewürz: Ingwer erinnert im Duft an Zitrone und schmeckt süßlich-scharf. Frische Ingwerwurzeln sind als Stückware, getrockneter Ingwer unzerkleinert oder als Pulver ganzjährig im Handel. Frische Ingwerhands sollten hell und prall sein. Ingwer ist Bestandteil einer Reihe Fertigprodukte wie Ingwerchutney, kandierter Ingwer, Ingwerplätzchen und -kuchen, Ingwerbier und vieler scharfer Gewürzmischungen für Fisch, Fleisch, Curry, eingelegtes Gemüse und Weihnachtsgebäck.

Roher Ingwer hat eine erfrischende Note, während beim getrockneten das Gewürzhafte dominiert. Frischer Ingwer hält sich in Frischhaltefolie verpackt und gekühlt etwa vier Wochen.

Verarbeitung: Die benötigte Portion frischen Ingwer abtrennen, dünn schälen und in dünne Scheiben schneiden, hacken, fein reiben oder im Mörser zerdrücken und nicht zu lange mitkochen, um die ätherischen Öle zu schonen. Ganzer, getrockneter Ingwer verträgt mehr Hitze.

Konservierung: Trocknen der ganzen Wurzeln, Tiefgefrieren.

Verwendung: Mit frischem Ingwer würzt man Fisch und Schalentiere, Marinaden, Currygerichte, Fleisch, rohe und gekochte Chutneys, Mar-

Ingwerlaub erinnert an Schilfpflanzen oder Großgräser.

meladen, zahlreiche Gerichte der asiatischen Küche und mit Sojasauce oder Sojapaste (Miso, Hoisinsauce) gewürzte chinesische und japanische Speisen. Getrockneter ganzer Ingwer ist eine beliebte Zutat zu Pickles und Marinaden, Ingwerpulver zu Fisch, Fleisch, Geflügel, Obstsuppen, Obstsalaten und -konserven, Kürbis, Ingwer- und Weihnachtsgebäck, Süßspeisen und asiatischen Spezialitäten.
Gesundheitswert: Ingwer ruft durch Erregung der Wärmenerven im Magen Brennen und Hitzegefühl hervor, steigert den Speichelfluß und die Darmperistaltik, bekämpft Erkältung und Brechreiz (Reisemittel).

Kalmus

Acorus calamus
Familie: Araceae
Ackerwurz, Deutscher Ingwer, Magenwurz, Magenwurzel

Aussehen und Herkunft: Der Kalmus ist eine ausdauernde Sumpfpflanze, deren bevorzugte Standorte die Ufer von Seen und träge fließenden Gewässern sind. Er wird gut 1 m hoch mit linealischen Blättern und zylindrischen grünen Blütenkolben von Mai bis August. Sein grünbrauner verzweigter Wurzelstock (Rhizom) wird bis 50 cm lang und 3 cm dick.
Der Kalmus stammt ursprünglich aus Asien, wo er Chinesen und Indern schon lange vor unserer Zeitrechnung bekannt war, ist heute jedoch über ganz Europa verbreitet.
Inhaltsstoffe: Ätherisches Öl mit Asaron, Bitter- und Gerbstoffe, organische Basen und Harz, Glykoside, Schleimstoffe.
Gewürz: Der Wurzelstock duftet wunderbar mandarinenartig, schmeckt jedoch außerordentlich bitter, so dass nur sehr kleine Dosen angebracht sind. Größere Mengen Kalmuswurzel erregen Brechreiz. Kalmus ist getrocknet und geschnitten oder als hellbeiges Pulver in Apotheken erhältlich. Zum Ausprobieren genügt es, zunächst 10 g Pulver zu kaufen.
Konservierung: Trocknen, Kandieren.
Verwendung: Frische Kalmuswurzel kann wie Ingwer kandiert werden und schmeckt dann bitter-süß. Am gebräuchlichsten sind die getrocknete Droge oder ihre Auszüge als Zusatz zu Kräuter- und Bitterlikören. In der indi-

schen und islamischen Küche hat Kalmus seinen festen Platz als Süßspeisengewürz. Ideal im Hausgebrauch ist Kalmus als Gewürz für Orangenlikör, dem er Tiefe gibt.
Gesundheitswert: Appetitanregend und magenstärkend, im indischen Ayurveda als wichtigstes revitalisierendes, durchblutungsförderndes Verjüngungsmittel für Gehirn und Nervensystem im Gebrauch.

Kurkuma
Curcuma longa
Familie: Zingiberaceae
Gelbwurzel, Indischer Safran, Turmerik

Gelbwurzpulver kann die verschiedensten Speisen würzen und färben.

Aussehen und Herkunft: Kurkuma stammt aus den Tropen Südostasiens und gehört zur Familie der Ingwergewächse. Die ausdauernde und schilfähnliche Pflanze wird bis 2,5 m hoch, hat große lanzettliche Blätter und blassgelbe Blütenähren. Der knollige, hellgelbe bis hellbraune, bis 10 cm dicke Wurzelstock wird nach der Ernte gekocht, anschließend ein bis zwei Wochen getrocknet und dann gemahlen, wobei der Farbstoff aus den Ölzellen austritt und das Pulver rötlichgelb färbt.

Im Orient dient der preiswerte Farbstoff vielfach zum Färben der Mönchsgewänder.
Inhaltsstoffe: Bis 5 % ätherisches Öl, Bitterstoff, Harz und der lichtempfindliche gelbe Farbstoff Kurkumin.
Gewürz: Kurkuma hat ein mildes, eigentümlich erdhaft-bitteres Aroma. Im Orient kann man ganze Knollen kaufen, bei uns jedoch nur das Pulver. Es gibt Currymischungen die charakteristische Farbe und ist würzender und färbender Bestandteil vieler pikanter Würzmischungen für Grillfleisch, Senf- und Essiggemüse und in Tafelsenf. Als Safranersatz ist Gelbwurz wegen seines völlig anderen Aromas nicht geeignet.
Verwendung: Helle Saucen, Marinaden, Dressings, Reisspeisen, Cremes und Puddings erhalten durch eine Messerspitze Kurkuma eine ansprechende appetitliche Farbe; ansonsten bedient man sich der Kurkuma enthaltenden Würzmischungen für Fleisch, Fisch, Geflügel und Currygerichte.
Gesundheitswert: Gallen- und Lebererkrankungen sowie ungenügende Magensaftsekretion sind erprobte An-

Meerrettichpflanzen breiten sich gerne durch Wurzelausläufer aus.

wendungsgebiete. Die traditionelle indische Heilkunde schreibt der Gelbwurzel darüber hinaus bakterizide, stoffwechselregulierende, blutreinigende und antidiabetische Eigenschaften zu.

Meerrettich

Armoracia rusticana, syn. *A. sativa, Cochlearia armoracia, Raphanis magna*

Familie: Cruciferae

Bauernsenf, Fleischkraut, Kren, Pfefferwurzel, Rachenputzer, Waldrettich

Aussehen und Herkunft: Der Meerrettich ist an vielen unserer Weg- und Wiesenränder wildwachsend anzutreffen, wo er 50 bis 80 cm hoch wird. Seine Ursprungsgebiete sind Südosteuropa und Westindien, doch hat er sich bis nach Nordeuropa und Skandinavien ausgebreitet. Schmale, längliche, derbe Blätter, bis 1,5 m hohe, traubenförmige Blütenstände mit weißen Kreuzblüten und lange, ausläufertreibende Wurzeln kennzeichnen ihn.

Kultur: Zur Gewinnung des Gewürzes wird der Meerrettich in Feldkulturen in aufwendiger Handarbeit gezogen und erst im Herbst des zweiten oder dritten Jahres geerntet, wenn die außen bräunlichen, innen festen, grauweißen Wurzeln mindestens 3 bis 4 cm Durchmesser haben. Das sogenannte Knoblauchland zwischen Bamberg und Nürnberg und der Spreewald sind seine traditionellen Anbaugebiete. Meerrettich kann man auch im Gemüsegarten ziehen. Er benötigt fruchtbaren, gut feuchten Boden ohne Staunässe.

Inhaltsstoffe: Scharfe Senföle, Mineralstoffe und viel Vitamin C.

Gewürz: Im Herbst kann man frische Wurzeln auf Märkten und in Gemüseläden kaufen. Sie sind sehr scharf und reizen die Nasen-, später die Magenschleimhaut. Als Konserve sind Tafel- oder Sahnemeerrettich im Handel, letzterer eventuell mit Apfel oder Orange aromatisiert. In Japan wird auch Meerrettichpulver, sogenanntes »Wasabi«, verwendet.

Verarbeitung: Die benötigte Portion Meerrettichwurzel wird mit einer Wurzelbürste gereinigt, dünn geschabt und auf einer Reibe fein ge-

rieben. Nicht kochen, sondern nach dem Garen zugeben. Geriebener Meerrettich kann im Schraubglas zwei Wochen gekühlt aufbewahrt werden.
Konservierung: Ganze Wurzeln in Sand einschlagen.
Verwendung: Meerrettich ist besonders im Herbst und Winter eine beliebte Würze zu kurzgebratenem Fleisch und in warmen Saucen zu gekochtem Fleisch. Er macht sich auch gut in Sahne- und Rahmdressings zu Salaten aus rohen oder gekochten Wurzelgemüsen von Roten Beten, Möhren oder Schwarzwurzeln. Der mildere Sahne- oder Apfelmeerrettich wird gerne zu Süßwasserfischen, Wild, Geflügel, Eiern und rohem Schinken gegessen. Meerrretichscheiben fügt man beim Einlegen von Gemüse zu, vor allem bei Gurken, Roten Beten und Weißkraut.
Gesundheitswert: Antianämisch, Vitamin-C-Spender, lindert Bronchialerkrankungen, harndesinfizierend. Magenkranke, Schwangere und nervöse Menschen sollten ihn meiden.

Süßholz, Lakritze
Glycyrrhiza glabra
Familie: Leguminosae

Aussehen und Herkunft: Die bis zu 1 m hohen Süßholzpflanzen gehören zu den ausdauernden Schmetterlingsblütlern. Ihre aufrechten Stängel sind mit unterseits klebrigen Blattfiedern besetzt, in deren Achseln im Juni bis Juli Trauben lilablauer Blüten entspringen. Die dünnen langen Wurzeln verholzen und werden im dritten Vegetationsjahr zur Gewinnung ihrer Inhaltsstoffe geerntet.
Inhaltsstoffe: Glycyrrhizin, Glycyrrhetinsäure, Flavonoide, Cumarinderivate, Phytosterole, Zucker, Gerbstoffe.
Gewürz: Süßholzwurzel schmeckt penetrant süß – sie ist 50-mal süßer als Zucker – mit dem bekannten Lakritzaroma. Getrocknete ganze oder geschnittene Lakritzwurzel ist in Apotheken und Kräuterläden erhältlich.
Verwendung: Die geschnittene Wurzel kann Kräutertees süßen. Ihre hauptsächliche Verarbeitung erfolgt jedoch industriell, indem man durch Eindicken des aus dem Wurzelpulver gewonnenen wässrigen Extraktes die bekannte Lakritze herstellt.
Gesundheitswert: Blutreinigend, lindert Husten und Bronchialerkrankungen, magenfreundlich, harntreibend, verdauungsfördernd, tonisch. Überdosierung oder längerdauerndernde Einnahme von Lakritzprodukten kann gefährlichen Bluthochdruck und Wasserretention auslösen. Das meiste auf dem Markt befindliche Lakritznaschwerk enthält ein Vielfaches der zulässigen Glycyrrhizinmenge und ist laut ärztlicher Empfehlungen für den Dauergebrauch nicht geeignet.

Milchsaft

Asant

Ferula assa-foetida
Familie: Umbelliferae
Steckenkraut, Stinkasant, Stinkharz, Teufelsdreck
Weitere Arten: Asant, Steckenkraut (*F. narthex*)

Aussehen und Herkunft: Der Asant ist eine ausdauernde Pflanze mit gelben Doldenblüten aus der Gattung der Riesenfenchelgewächse und wird in seiner Heimat Afghanistan und Iran 2 bis 3,5 m hoch. Er ähnelt im Wuchs dem Riesenbärenklau und kann wie dieser große Flächen besiedeln. Nachdem seine Wildbestände fast ausgerottet wurden, baut man Asant heute für Handelszwecke in Feldkulturen an.
Inhaltsstoffe: Harz, Cumarine, ätherisches Öl, Umbelliferon, Vanillin.
Gewürz: Als Gewürz wird der an der Luft getrocknete Milchsaft der Pflanze verwendet. Die Gummiharzklumpen werden als Stückware oder gemahlen verkauft. Besser portionierbar ist das hellgelbe Pulver, das man mit etwas Glück in orientalischen, besonders indischen Spezialitätenläden in Plastikdöschen verschweißt unter der Bezeichnung »hing-powder« bekommt. Es hat ein zwiebel- bis knoblauchähnliches, mäßig scharfes und leicht bitteres Aroma. Sein hoher Anteil an Schwefelverbindungen bedingt einen sehr aufdringlichen Geruch, weshalb man es im Schraubglas aufbewahrt. Eine Messerspitze Asantpulver pro Mahlzeit (4 Personen) ist ausreichend.
Verwendung: Asantpulver ist im Orient ein Standardgewürz zu Hülsenfruchtgerichten, denen es eine sehr schmackhafte, interessante Note verleiht. Besonders die Inder lieben den Asant und fügen ihn darüberhinaus Gewürzmischungen für Fleisch, Fisch, Geflügel, Gemüse, Obstsalate und selbst Brausepulvern zu. In Süßspeisen und Getränken ist er nach unserem Geschmacksempfinden zwar ein Fehlgriff, doch lohnt es sich, ihn zu pikanten Gerichten auszuprobieren.
Gesundheitswert: Stärkstes windtreibendes Mittel, krampflösend und beruhigend, darmreinigend, lindert arthritische Beschwerden.

Rinde

Zimt

Cinnamomum verum, syn. *C. zeylanicum*
Familie: Lauraceae
Ceylonzimt, Canehl
Weitere Arten: Chinazimt, Kassiarinde (*C. aromaticum*, syn. *C. cassia*)

Aussehen und Herkunft: Die immergrünen, bis 10 m hohen Bäume des Ceylonzimtbaums (*C. verum*) und die etwas größeren Chinazimtbäume (*C. aromaticum*) – letztere in Burma heimisch – gehören zur Gattung der Lorbeergewächse. Sie erinnern im Wuchs an den im Mittelmeergebiet wachsenden Lorbeerbaum mit seinen glänzenden, derb-ledrigen Blättern. In den

Zimtplantagen lässt man die Bäume zur Erleichterung der Ernte nur 2 bis 3 m hoch werden. Der Gebrauch des aus der Rinde der Bäume gewonnenen Zimtgewürzes ist für den Orient seit Jahrtausenden belegt.
Inhaltsstoffe: 2 bis 4 % ätherisches Öl, davon 75 % das typische Zimtaroma verleihende Zimtaldehyd, Eugenol und Terpene.
Gewürz: Zweijährige Zweige der Zimtbäume werden ähnlich wie Korbweiden bei uns geschnitten, die Rinde wird abgeschält und über Nacht – in Matten eingeschlagen – fermentiert.

Der nur von einer Seite her eingerollte Chinazimt wird ohne weitere Behandlung getrocknet und verkauft. Er ist heller und schärfer als der Ceylonzimt, doch weniger aromatisch. Der feinwürzigere, süßlich-herbscharfe Ceylonzimt wird nach der Fermentation von der bitteren Außen- und Mittelschicht befreit. Acht bis zehn hauchdünne Innenrindenschichten steckt man zu sogenannten »Quills« ineinander, rollt sie von beiden Seiten ein und lässt sie zuerst im Schatten, dann in der Sonne trocknen, wobei sie sich zimtbraun färben. Ceylonzimt kommt in unterschiedlich langen Stangen in den Einzelhandel, wobei die hellere Ware die qualitativ bessere ist.

Bei uns angebotene Zimtstangen sind in der Regel Ceylon-Canehl, Zimtpulver dagegen kann neben Ceylonzimt auch Kassiarinde enthalten.
Verwendung: Unzerkleinerte Zimtstangen würzen vorteilhaft süße

Zimt entsteht aus der fermentierten Rinde der tropischen Zimtbäume.

Speisen und Saucen, Cremes, Kompotte, Obstkonserven, exotische Pickles und gekochte Chutneys, Glühwein, Punsch, Gewürzweine und Liköre. Man entfernt die Stangen vor dem Anrichten.

Zimtpulver aromatisiert zusammen mit anderen Gewürzen Weihnachtsgebäck wie Zimtsterne und Lebkuchen, als Streugewürz süße Aufläufe und Breie.

Vor allem im Orient ist Zimt ein wichtiger Bestandteil von Gewürzmischungen für Fleisch, Fisch und Geflügel. Er ist in diesem Sinne beispielsweise in Currypulver, mittelöstlichen Kebapgewürzen und dem chinesischen Fünfgewürz enthalten.

Gesundheitswert: Anregung der Magensaftsekretion, astringiert, stimuliert den Verdauungstrakt, blutreinigend, antiseptisch, antimikrobiell und fungizid.

Blätter

Basilikum

Ocimum basilicum

Familie: Labiatae

Basilienkraut, Königskraut, Suppenbasil

Aussehen und Herkunft: Basilikum kam zu uns aus dem Mittelmeerraum, dem tropischen Asien und Afrika und verdankt seinen Namen dem exquisiten Duft, den er verströmt. Besonders in Italien ist es eines der wichtigsten Würzkräuter. Seine ursprüngliche Heimat ist Indien, wo Basilikum nach dem Lotus als heiligste Pflanze gilt, weil es allein das Gute im Menschen fördern und als Topfpflanze im Haus wohltuende negative Ionen spenden soll.

Das Kraut wird bis 50 cm hoch, bildet von Juni bis August zarte, dunkelgrüne, eiförmige Blätter und kleine weiße Lippenblüten, die in Quirlen stockwerkartig an den Triebspitzen stehen. Die Pflanze kommt in zahlreichen Sorten vor und ist sehr kälteempfindlich. Rotlaubige Züchtungen sind besonders dekorativ.

Kultur: Basilikum ist ein einjähriges Kraut und kann aus Samen gezogen oder als Topfpflanze bezogen werden. Es benötigt einen sehr warmen, sonnigen und windgeschützten Standort, um befriedigend zu gedeihen. Damit die Pflanze wieder austreiben kann, erntet man die Stängel eine Handbreit über der Erde.

Inhaltsstoffe: Etwas Gerbstoff und ätherisches Öl mit Estragol, Eugenol und Thymol.

Gewürz: Als Gewürz dienen möglichst junge Triebe, Blätter wie auch unverholzte Stängel. Frisches Basilikum duftet äußerst aromatisch und schmeckt süßlich-frisch. Getrocknete und gerebelte Ware ist nur ein schwacher Ersatz für das Frischkraut. Neuerdings beliebt und häufig angeboten wird die italienische Spezialität »Pesto genovese«, eine dicke grüne Sauce aus Basilikum, Olivenöl, Käse, Knoblauch und Pinienkernen oder Walnüssen, die man zu Pasta serviert.

Verarbeitung: Die Triebe fein hacken oder – für Pesto – pürieren.

Konservierung: Einfrieren, Trocknen, in Öl oder Essig einlegen.

Basilikum – der Inbegriff italienischer Würztradition.

Verwendung: Basilikum ist ein bevorzugtes Gewürz zu gekochten wie rohen Tomatengerichten, Seefisch und Meerestieren. Aber auch Ragouts (mit Wein und Knoblauch), Suppen, Pasteten, Kräutersaucen, Salate und Kräuterbutter profitieren davon. Und selbstverständlich ist es ein unverzichtbarer Bestandteil von Pizzagewürz und italienischen Kräutermischungen.
Gesundheitswert: Harmonisiert Verdauung, Nerven und Atemwege, bekämpft Husten, fördert die Milchsekretion, wirkt krampflösend und beruhigend.

Bockshornklee

Trigonella foenum-graecum
Familie: Leguminosae
Griechisch Heu, Stundenkraut

Aussehen und Herkunft: Der Bockshornklee ist eine einjährige krautige Leguminosenart aus Westasien und wird bis zu 50 cm hoch. Im Wuchs ähnelt er der Luzerne. Aus seinen gelbweißen Schmetterlingsblüten entwickeln sich von Juni bis Juli schmale, gekrümmte Schoten, die an Bockshörner erinnern. Sie enthalten currygelbe, bis 5 mm große, harte Samen, die rhombisch oder rechteckig sein können.

Anbauländer des Griechisch Heu sind die Mittelmeerländer, der Vordere Orient, Indien und China.
Kultur: Das Kraut kann an einem sonnigen Platz leicht aus Samen gezogen werden.
Inhaltsstoffe: Ätherisches Öl, fettes Öl (Samen), Bitterstoffe, Schleimstoffe, Steroidsaponine.
Gewürz: Als Würze dienen das frische und getrocknete Kraut sowie die Samen. Beide erinnern im Aroma entfernt an Currypulver und sind mäßig bitter. Nur das getrocknete Kraut hat das hier ausnahmsweise erwünschte kräftige Heuaroma. Getrocknetes Kraut, Samen und Samenpulver werden in orientalischen und asiatischen Spezialitätenläden unter den Bezeichnungen »Methi Leaves« und »Dried Fenugreek Leaves« (Blätter) und »Fenugreek-Seeds« (Samen) angeboten. Aus den Samen zieht man gerne Sprossen. Sie keimen nach ein bis zwei Tagen und sind eine delikatmilde, vitaminreiche Salatzutat mit 27 % Proteingehalt.
Verarbeitung: Getrocknetes Kraut (ohne Stiele) gerebelt verwenden. Frisches Kraut hacken. Samen von orientalischen Anbietern sollten vor der Verwendung ausgelesen werden,

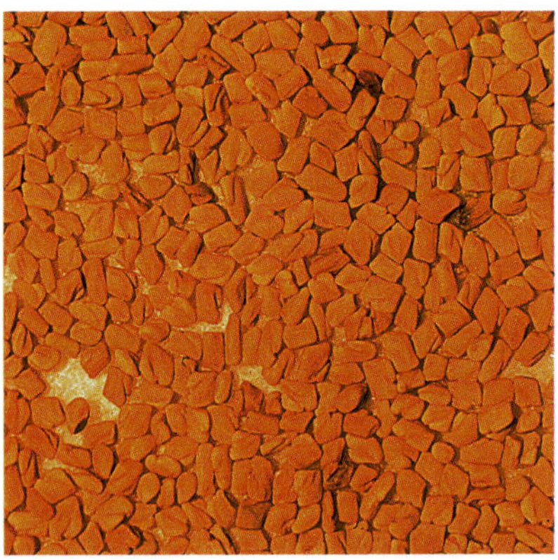

Aus Bockshornkleesamen zieht man das Griechische Heu.

denn sie enthalten fast immer Steinchen.

Verwendung: Frisches Bockshornkleekraut und das Pulver gerösteter Samen sind eine Zutat zu authentisch indischen Currygerichten. Mit dem Griechischen Heu würzt man im Mittelmeerraum Käse-, Quark- und Joghurtspeisen. Griechischer »Tsatsiki« und vorderorientalische »Labana« (Joghurtquarkbällchen) enthalten erst durch getrockneten Bockshornklee ihr unverwechselbares klassisches Aroma. Pulver aus Bockshornkleesamen ist vor allem als Bestandteil von Currypulver, orientalischer wie amerikanischer Fleischgewürzmischungen und zu Chutneys und Pickles im Gebrauch. Ganze Samen enthält das indische »Fünf-Samen-Gewürz« für Gemüse-, Hülsenfruchtgerichte und Pickles.

Gesundheitswert: Appetitanregend, unterstützt die Leberfunktion, blutzuckersenkend, nervenstärkend, tonisch und abführend.

Bohnenkraut

Satureja hortensis

Familie: Labiatae

Kölle, Pfefferkraut, Sommerbohnenkraut, Weinkraut, Wurstkraut

Weitere Arten: Bergbohnenkraut, Winterbohnenkraut *(S. montana)*

Aussehen und Herkunft: Bohnenkraut ist ein bis zu 30 cm hoher Lippenblütler aus dem östlichen Mittelmeerraum mit schmalen, nadelförmigen Blättchen und rosafarbenen Blüten von Juni bis Oktober.

Winterbohnenkraut ist aromatisch und frosthart.

Kultur: Neben dem einjährigen Bohnenkraut (*S. hortensis*), das jährlich ausgesät wird, sich aber auch bereitwillig selbst aussamt, ist für Gärten in unseren Breiten das frostharte, aromatischere Winter- oder Bergbohnenkraut (*S. montana*) empfehlenswert. Bohnenkraut liebt leichte Böden in sonniger Lage. Die Vermehrung erfolgt über Aussaat oder Teilung des Wurzelstocks.

Inhaltsstoffe: Ätherisches Öl mit den Hauptbestandteilen Carvacrol und Cymol, Lamiaceen-Gerbstoffe, Bitterstoffe.

Gewürz: Die frischen oder getrockneten, nicht verholzten Sproßspitzen kurz vor und während der Blüte schmecken thymianähnlich, doch pfeffrig-scharf. Daneben ist getrock-

Borretschblüten bieten Bienen und Hummeln eine reiche Nektarweide.

nete, gerebelte Ware im Handel, auch als Bestandteil mancher Kräutermischungen.

Verarbeitung: Die frischen oder getrockneten Blättchen streift man von den Stielen, hackt und rebelt sie. Bohnenkraut kurz mitkochen, um die Würzstoffe freizusetzen.

Konservierung: Einfrieren, Trocknen.

Verwendung: Die Anwendungsgebiete für Bohnenkraut sind Gemüse und Eintöpfe aus grünen und dicken Bohnen, Würste, Lammbraten, Ragouts, Kräutersalzmischungen und Salzgurken. Frische zarte Blättchen würzen Gurken-, Kartoffel- und Tomatensalat.

Gesundheitswert: Wirkt astringierend und mild antiseptisch auf den Verdauungstrakt; der Teeaufguss hilft bei Sommerdurchfällen.

Borretsch

Borago officinalis

Familie: Boraginaceae

Blauhimmelsstern, Borgel, Gurkenkraut, Herzblume, Wohlgemuth

Aussehen und Herkunft: Das einjährige Rauhblattgewächs Borretsch stammt aus dem Mittleren Osten. Die krautigen Stängel und eiförmig zugespitzten, runzeligen Blätter sind mit rauhen Haaren besetzt, die mit fünf Kronblättern besetzten, nickenden Blütensterne zunächst rötlich, später violettblau.

Neben seiner Eigenschaft als Würzpflanze ist der Borretsch eine hübsche Zierpflanze und wertvolle Bienenweide, denn er setzt von Mai bis Frostbeginn immer reichlich neue Blüten an.

Kultur: Die buschig-verzweigte Pflanze wird etwa 60 cm hoch und sät sich leicht selbst aus, so dass man in den Folgejahren mit großer Wahrscheinlichkeit und ohne Neueinsaat immer Borretschpflanzen zur Hand hat. Gurkenkraut bevorzugt sonnige Standorte mit nährstoffreichem, nicht zu trockenem Boden. Es ist frostempfindlich und vorgezogene Setzlinge dürfen erst ab Mai ins Freiland gepflanzt werden.
Inhaltsstoffe: Ätherisches Öl, Schleim- und Gerbstoffe, Harz, Saponin, Mineralstoffe.
Gewürz: In der Küche nutzt man nur die jungen, zarten Blätter und Blüten. Sie schmecken gurkenartig-frisch, die Blüten durch den enthaltenen Nektar süßlich. Ältere Blätter dürfen wegen der hautreizenden Haare nicht verwendet werden.
Verarbeitung: Die frischen Blätter gehackt, die Blüten als essbare Garnierung den Speisen zugeben.
Konservierung: Ist nicht empfehlenswert.
Verwendung: Besonders beliebt ist das Gurkenkraut, wie es der Name bereits andeutet, zu Gurkensalat und eingelegten Gurken, aber auch zu anderen Salaten und Dressings. Borretsch ist eines der sieben Kräuter der berühmten »Frankfurter Grünen Soße«. Das Aromatisieren von Quark, Joghurt, Käsecremes, Kräuterbutter, Essig, gekühlten Erfrischungsgetränken und Gemüsesäften sind weitere Verwendungsmöglichkeiten.
Gesundheitswert: Blutreinigend, harn- und schweißtreibend, abführend.

Brunnenkresse

Nasturtium officinale, syn. *Rorippa nasturtium-aquaticum, N. nasturtium-aquaticum*
Familie: Cruciferae
Bachkresse, Bitterkresse, Wasserkresse, Wassersenf
Weitere Arten: *Brunnenkresse (N. microphyllum,* syn. *Rorippa microphylla, N. officinale* var. *microphyllum*)

Aussehen und Herkunft: Die Brunnen- oder Wasserkresse ist bei uns heimisch und kommt wildwachsend in zwei nahe verwandten Arten an Quellen und Bachufern vor. Sie liebt klare Gewässer, ist ausdauernd und immergrün und wird bis zu 70 cm hoch. Ihre Blütenstände von Mai bis September mit den kleinen weißen Kreuzblüten erinnern an den Ackersenf. Mit der Gartenkresse ist sie nicht verwandt.
Kultur: In einem Gefäß mit Wasser kann man Brunnenkresse leicht selbst ziehen. Ihre fleischigen Fiedern mit den löffelartig runden bis elliptischen Blättern sind das Ziel des Sammlers oder Gärtners. Die Vermehrung erfolgt durch Stecklinge. In der freien Natur darf Brunnenkresse nur an reinen Gewässern geerntet werden, um Infektionsgefahren (Typhus) auszuschließen.
Inhaltsstoffe: Senfschwefelverbindungen, die Vitamine A, B_2, C, E und Niacin sowie Mineralstoffe.
Gewürz: Die frischen, 6 bis 8 cm langen Triebspitzen schmecken säuerlich-scharf und sind sowohl Gewürz als auch Salatpflanze. Man erntet sie vor

Blühende Brunnenkresse würzt dekorativ und ist gesund.

der Blüte. In einem Gefäß mit kaltem Wasser können sie einige Tage an einem kühlen schattigen Ort aufbewahrt werden.
Verarbeitung: Die Blätter müssen sehr gründlich gewaschen werden, um aus dem Wasser stammende, eventuell anhaftende Krankheitserreger zu entfernen. Die Blättchen im Ganzen oder feingehackt verwenden.
Verwendung: Brunnenkresse belebt ähnlich wie Gartenkresse Salate, Kräuterbutter, Quark, Joghurt und Käsecremes.
Gesundheitswert: Appetitanregend, blutreinigend, harntreibend, lindert Bronchitis, Hautleiden und Haarausfall.

Curryblatt
Murraya koenigii
Familie: Rutaceae

Aussehen und Herkunft: Der kleine südasiatische, immergüne Currybaum – oder tamilisch Karibaum – mit gefiederten rötlichgrünen Blättern ist ein Rautengewächs aus dem südlichen Himalaya. Genutzt wird er jedoch hauptsächlich in Südindien, wo man ihn auch als »süßen Niem« bezeichnet und in Strauchgröße im Küchengarten hält. Seine Blattfiedern ähneln nämlich in der Form denen des echten Niembaumes (*Antelaea azadirachta*, syn. *Azadirachta indica*), auch Nimbaum genannt, einer alten indischen, äußerst bitteren Arzneipflanze.

Aus den weißen Blütentrauben des Karibaums entwickeln sich lilafarbene Beeren.
Gewürz: Würze sind die frischen oder getrockneten, 4 bis 6 cm langen, lanzettlichen, olivgrünen Curryblätter (»karipatti«). Sie duften angenehm würzig, schmecken herb-aromatisch und eine Spur bitter. In indischen Spezialitätengeschäften sind die getrockneten Blätter unter den Bezeichnungen »Curry-Leaves« oder »Neem-Leaves« abgepackt erhältlich.
Verarbeitung: Nach indischer Sitte werden zwei bis drei unzerkleinerte Blätter pro Gericht (4–5 Personen) zusammen mit anderen Gewürzen in heißem Butterschmalz, Kokosfett oder Öl kurz erhitzt und mit dem Fleisch, Fisch, Geflügel oder Gemüse zusammen geschmort oder gekocht. Die Blätter vor dem Anrichten entfernen.
Verwendung: Zu Currygerichten, authentischen südindischen Gemüsespeisen, mit Currypulver gewürzten Suppen und Eintöpfen, Reispilaws, Chutneys, Marinaden und Pickles.
Gesundheitswert: Appetitanregend, antibakteriell, astringiert den Verdaungstrakt.

Curryblätter sind typisch für die südindische Küche.

Dill

Anethum graveolens
Familie: Umbelliferae
Blähkraut, Gurkenkraut, Gurkenkümmel

Aussehen und Herkunft: Der zierliche einjährige Dill stammt aus Südeuropa. Er wird aus Samen gezogen, die man an sonnigen Stellen direkt ins Freiland aussät. Die krautige Pflanze mit den fadendünnen, zarten Blättchen und gelben Blütendolden von Juni bis August wird 70 bis 120 cm hoch. Zwei bis drei Folgesaaten sorgen für frisches Dillkraut bis in den Herbst.
Inhaltsstoffe: Ätherisches Öl mit Carvon, fettes Öl (Samen), Schleim- und Gerbstoffe, Harz.
Gewürz: Dillblätter sind am würzkräftigsten vor der Blüte. Die Samenstände mit den 3 bis 5 mm langen, gelbbraunen, ovalen Früchten erntet man knapp vor der Vollreife, bevor die Samen ausfallen. Blätter wie Samen schmecken mildaromatisch-erfrischend.

Im Handel sind frische und getrocknete Dillblätter, sogenannte Dillspitzen, im Herbst auch getrocknete Dolden.
Verarbeitung: Dillblättchen fein gehackt oder gewiegt als Frischgewürz verwenden. Getrocknete Blätter re-

Zarte Bauerngurken und Dill – ein klassisches Paar.

beln. Dillfrüchte (Samen) können frisch oder getrocknet genutzt werden. Dillspitzen nicht kochen, sondern erst vor dem Servieren zugeben.

Konservierung: Einfrieren, Trocknen, in Essig einlegen.

Verwendung: Dillblätter würzen vorteilhaft Dillsaucen zu Fisch, Krebsen und Muscheln, außerdem Gurken-, Blatt-, Tomaten- und Kartoffelsalat, Dressings, Mayonnaisen, Fischmarinaden, Sauermilchprodukte oder Kräuteressig. Blüten- und Samendolden sind das klassische Gewürz für Salzdillgurken, Sauerkraut und andere eingelegte Gemüse. Dillfrüchte nimmt man zu Fisch- und Sauerkonserven, Gemüserelishes und Kräuterlikören. Die Lebensmittelindustrie nutzt vor allem das durch Wasserdampfdestillation gewonnene Dillöl für Dressings, Gurken- und Fischkonserven.

Gesundheitswert: Löst Krämpfe der Verdauungsorgane, erhöht die Sekretion der Muttermilch, beruhigend, gegen Erbrechen, windtreibend.

Eberraute

Artemisia abrotanum,
syn. *A. procera*

Familie: Compositae

Eberreis, Eberwurzel, Gartheil, Stabwurzel, Zitronenkraut

Aussehen und Herkunft: Die grazile Eberraute ist mit Beifuß, Estragon und Wermut verwandt. Die ausdauernde Staude stammt aus den nördlichen Mittelmeerländern und wird etwa 1 m hoch. Ihre Stängel sind dicht mit dillähnlichen, graugrünen, an den Triebspitzen hellgrünen Blättchen besetzt, die einen an Zitrone erinnernden, intensiven, etwas parfümhaften Duft verströmen. Ihre unauffälligen Korbblüten erscheinen von August bis Oktober.

Kultur: Bei uns wird die Eberraute vor allem als relativ frostharte Zierpflanze an sonnigen bis halbschattigen Stellen gehalten. Da ihre Samen in unserem Klima nicht ausreifen, vermehrt man sie durch Wurzelteilung oder Stecklinge.

Inhaltsstoffe: Ätherisches Öl, Gerb- und Bitterstoffe, Cumarin.

Gewürz: Die zitronig-bitteren Blatt- und Triebspitzen einschließlich der Blütenknospen werden vor der Blüte geschnitten. Sie behalten ihr Aroma bei sachgemäßer Trocknung sehr gut. Im Lebensmittelhandel ist Eberraute nicht erhältlich.

Verarbeitung: Die Blättchen fein hacken oder wiegen, getrocknete Blätter rebeln.

Konservierung: Trocknen, in Öl einlegen, eventuell einfrieren.

Verwendung: Nach spanischem und italienischem Vorbild in kleiner Menge zu süßen Gebäcken, auch zu pikanten Salaten, Dressings, Kräuteressig und -öl sowie Fischkräutermischungen.

In Frankreich nennt man die Eberraute »garderobe« und nutzt das getrocknete Kraut für Kleider- und Wäscheschränke.

Gesundheitswert: Appetitanregend, unterstützt Wundheilung und Narbenbildung, schweiß- und windtreibend, wurmtreibend, insektenvertreibend.

Estragon

Artemisia dracunculus, syn. A. glauca

Familie: Compositae

Bertram, Dragon, Schlangenkraut

Aussehen und Herkunft: Der Estragon ist wie seine Verwandten Beifuß, Wermut und Eberraute eine ausdauernde buschige Staude. Seine 70 bis 120 cm hohen, reichverzweigten Stängel sind mit locker angeordneten, schmal-lanzettlichen Blättchen und von August bis Oktober mit unauffälligen grünen Korbblüten besetzt. Heimisch sind die unterschiedlichen Arten der Pflanze in Zentralasien und dem westlichen Amerika; wild wächst sie auch im Mittelmeergebiet. Seine hauptsächliche Bedeutung hat Estragon in der französischen und chinesischen Küche.

Kultur: Als beste Sorte gilt der Französische Estragon, der nur über Teilpflanzen vermehrt wird, weil gerade die wertvollsten Sorten keine entwicklungsfähigen Samen ausbilden. Der weniger würzige Russische Estragon kann aus Samen gezogen werden. Die Pflanzen wachsen problemlos an sonnigen Standorten.

Inhaltsstoffe: Aromatisches Öl mit Estragol, Gerb- und Bitterstoffe.

Gewürz: Junge, 20 bis 30 cm lange Sprossspitzen werden vor der Blüte geerntet. Sie haben ein feinwürziges, süßlich-herbes Aroma und sind schwach bitter. Im Handel sind getrockneter, gerebelter Estragon, Estragonessig und -senf erhältlich.

Verarbeitung: Frische Triebe fein hacken oder wiegen. Getrocknete Blätter von den Stängeln streifen und

rebeln. Estragon sparsam dosieren und kurz mitkochen.
Konservierung: Vorzugsweise tiefgefrieren, in Salz einlegen, trocknen, in Essig einlegen.
Verwendung: Estragon ist ein typisches Gewürz der feinen Küche. In kleiner Menge wird er als aristokratisch, in Überdosierung jedoch als unangenehm empfunden. Häufig tritt er mit anderen Kräutern gemischt auf, beispielsweise als Bestandteil der französischen »fines herbes«. Seine Einsatzgebiete sind Delikatessen aus Geflügel und Fisch, Eier, Omelettes, Salate, Saucen (Sauce béarnaise), pikante Cremes, Kräuterbutter und Gurkenkonserven. Estragonessig kann man leicht selbst herstellen, indem man einen Estragonzweig (eventuell zusammen mit Zitronenmelisse und Dill) in einer Flasche Weißweinessig zwei bis drei Wochen ziehen lässt.
Gesundheitswert: Appetitanregend und magenstärkend, antiseptisch, krampflösend, reguliert die Menstruation, verdauensfördernd, wurmtreibend.

Gartenkresse

Lepidium sativum
Familie: Cruciferae
Kresse

Aussehen und Herkunft: Die einjährige Gartenkresse stammt aus Nordafrika und Westasien. Ihre blaugrünen Stengel mit den gelappten Fiederblättchen und den kleinen weißen Kreuzblüten von Juni bis Juli werden bis zu 40 cm hoch.
Kultur: Zur Verwendung in der Küche erntet man das Grün schon ein bis zwei Wochen nach der Aussaat, wenn es etwa 10 cm hoch ist. Wer ständig mit Kresse versorgt sein will, muss daher regelmäßig Folgesaaten ausbringen. Kressesamen läuft rasch auf und wächst bei genügend vorhandener Feuchtigkeit überall – selbst ohne Substrat.
Inhaltsstoffe: Senföle, hoher Vitamin-C-Gehalt, Schleimstoffe, Mineralstoffe.
Gewürz: Sobald sich die ersten Blättchen zeigen, schneidet man die Pflänzchen mit einer Küchenschere auf halber Höhe ab und lässt ein- bis zweimal nachwachsen. Auch die ungebeizten Samen sind nutzbar. Kraut wie Samen schmecken pikant-scharf. Gemüseläden führen das ganze Jahr über Kressekästchen für den Sofortverbrauch.
Verarbeitung: Je nach Größe der Pflänzchen lässt man sie für Salate ganz oder hackt sie nach Belieben.
Konservierung: Zu Kräuteressig.
Verwendung: Das Kraut wird für sich allein oder mit anderen Frischkräutern gemischt zu pikanten Frischkost-, Kartoffel- und Nudelsalaten, als Garnierung zu kurzgebratenem Fleisch, Wurst- und Käseplatten verwendet, außerdem zu Dressings, Dips, Quark, Käse, mit Knoblauch zu Kräuterbutter oder einfach als Brotbelag. Kressesamen ergeben eine Würzgarnierung für Salate und Käsecremes.
Gesundheitswert: Appetitanregend, blutreinigend, Vitamin-C-Spender (frisches Kraut), leberfreundlich.

Auf Wochenmärkten findet man so mancherlei Kräuter-Spezialitäten.

Weinessig
rot/weiß, mit Estragon
- aus Frankreich -
0,75 l 5.90
Huile de noix
0,5l
Produit de France
Essigsäure
6 %
Une délicatesse alsacienne

Garten-Rauke

Eruca vesicaria ssp. *sativa*
Familie: Cruciferae
Senfkohl, Ölrauke

Aussehen und Herkunft: Von ihrer Heimat im südwestlichen Mittelmeergebiet verbreitete sich die mit dem Senf verwandte Rauke schon früh in alle Anrainerländer des Mittelmeeres. Dort diente sie den antiken Römern, Griechen und Arabern gleichermaßen als Salat-, Gewürz-, Öl- und Heilpflanze.

Die raschwüchsige ein- bis zweijährige Pflanze wird bis zu 50 cm hoch. Ihre kantigen Stängel sind mit länglichen, in den unteren zwei Dritteln unpaarig gelappten Blättern besetzt. Die in Trauben zusammengefassten weißen, gelben oder hellvioletten Kreuzblüten entwickeln sich innerhalb von drei Monaten zu länglichen Samenschoten mit 1 mm großen, abgeflacht rundlichen, graubraunen Samen.
Kultur: Der Anbau der Pflanzen gelingt leicht in nährstoffreichen, nicht zu trockenen Böden an sonnigen bis halbschattigen Stellen. Ähnlich der Gartenkresse kann man sie auch ganzjährig auf der Fensterbank ziehen.
Inhaltsstoffe: Senföle, Vitamin C (frische Blätter), 30 % fettes Öl (Samen).
Gewürz: Junge Blätter und Raukensamen dienen als Gewürz ähnlich Kresseblättern und Senfsamen. Ihr mäßig brennend-scharfer Geschmack erinnert an eine Kombination aus Kresse und Senf. Im Handel sind Raukensamen für den Eigenanbau.
Verarbeitung: Die frischen Blätter hacken oder zu Salaten ganz lassen, nicht kochen.
Verwendung: Die Blätter geben Salaten, mit anderen Kräutern gemischt auch Saucen, Quarkspeisen und Kräuterbutter ein apartes, etwas gewöhnungsbedürftiges Aroma. Die Samen nutzt man zur Ölgewinnung, in der Küche ähnlich Senfkörnern zu eingelegtem Gemüse, Pickles und als Würzgarnierung für Salate und Suppen.
Gesundheitswert: Antibakteriell, fördert die Fettverdauung, hautreizend.

Blühende Kapuzinerkresse ziert gerne schattige Gartenecken.

Kapuzinerkresse

Tropaeolum majus
Familie: Tropaeolaceae
Gelbes Vögerl, Kapuzinerli, Salatblume

Aussehen und Herkunft: Die Kapuzinerkresse wächst in ihrer Heimat Kolumbien und Peru als ausdauernde Staude. Bei uns kennt sie fast jeder als Gartenpflanze, seltener als Würzkraut. Rundliche Blätter und gelbe oder orangerote, trompetenförmige Blüten von Juli bis zum Frostbeginn kennzeichnen die einjährig gezogene Pflanze. Es gibt windende, buschige und kriechende Sorten. Mit der Garten- und Wasserkresse ist sie nicht verwandt.
Kultur: Die Kapuzinerkresse stellt an Boden und Lichtverhältnisse kaum

Kerbel gehört zu den ersten Frühlings-Frischkäutern.

Ansprüche, ist jedoch frostempfindlich und wird erst ab Mitte Mai am besten direkt ins Freiland oder in Pflanzgefäße ausgesät. Im biologischen Anbau sät man Kapuzinerkresse als läusevertreibende Pflanze unter Obst- und Beerengehölze.

Inhaltsstoffe: Benzylsenföl, viel Vitamin C.

Gewürz: Die frischen Blätter, Knospen und Blüten haben einen kresseähnlichen, scharfen, jedoch frischeren Geschmack.

Verarbeitung: Blätter und Blütenknospen fein hacken oder wiegen, die Blüten als essbare Garnierung ganz lassen. Die Blütenknospen entwickeln durch einmonatiges Einlegen in stark gesalzenen Essig ein kapernartiges Aroma.

Konservierung: Einfrieren, in Essig einlegen.

Verwendung: Die Blätter würzen Salate, Dressings, Quark und Kräuterbutter, vorzugsweise mit Schnittlauch und eventuell Borretsch und Pimpinelle zu gleichen Teilen gemischt. Die eingelegten Blütenknospen verwendet man wie Kapern zu warmen Saucen, Königsberger Klopsen, Frikassee, Fisch, Kartoffelsalat, Tatar, Käsecremes und Vinaigrette.

Gesundheitswert: Appetitanregend, verdauungsfördernd, antibiotisch, Vitamin-C-Spender, lindert Infekte der Atem- und Harnwege.

Kerbel

Anthriscus cerefolium ssp. *cerefolium*,
syn. *A. c.* var. *sativus*
Familie: Umbelliferae
Gartenkerbel, Küchenkerbel, Suppenkraut

Aussehen und Herkunft: Der einjährige Kerbel ist ein 50 bis 70 cm hoher, krautiger Doldenblütler. Wurzeln, Blätter und Blüten ähneln zum Verwechseln denen der Petersilie, doch ist Kerbel insgesamt heller grün und graziler. Aus Westasien verbreiteten ihn die Römer im Mittelmeergebiet. Typisch ist er für die französische Küche.
Kultur: Wer häufig Kerbel benötigt, sollte rechtzeitig alle zwei bis drei Wochen Folgesaaten an halbschattigen bis schattigen Stellen ausbringen, denn er läuft rasch auf und nach der Blüte stirbt die Pflanze ab. Ausbrechen der Blütenansätze und Abschneiden der Blätter verlängert die Erntedauer. Kerbel sät sich gern selbst aus, sofern man einige Pflanzen zum Aussamen stehenlässt.
Inhaltsstoffe: Ätherisches Öl, viel Vitamin C, flavonhaltiges Glykosid.
Gewürz: Das beste Aroma haben die frischen, anisähnlichen, mildwürzigen Blätter vor der Blüte. Im Handel sind getrockneter Kerbel und Kräuteressig mit Kerbelzusatz.
Verarbeitung: Die frischen Blätter hacken oder wiegen, getrocknetes Kraut rebeln. Kerbel nicht kochen, sondern den Speisen vor dem Anrichten zugeben.
Konservierung: In Essig einlegen, trocknen, eventuell einfrieren.
Verwendung: Kerbelsuppe (aus Rindfleischbrühe), Kräutersaucen, Salatdressings, Dips, Salate und Kräuterbutter würzt man mit Kerbel. Die Zusammenstellung von Kerbel, Petersilie und Schnittlauch zu gleichen Teilen, gerne mit einer kleinen Beimischung Estragon zur französischen Kräutermischung »fines herbes« ist besonders für Omelettes geeignet.
Gesundheitswert: Appetitanregend, blutreinigend, antiseptisch, gallen- und harntreibend, beruhigt Hustenreiz, hemmt wie die Petersilie die Milchsekretion.

Lavendel

Lavandula angustifolia,
syn. *L. officinalis*
Familie: Labiatae
Echter Speik

Aussehen und Herkunft: Der Lavendel kommt aus Südeuropa, ein mehrjähriger, je nach Art und Sorte unterschiedlich frostharter, immergrüner Halbstrauch, der bis zu 50 cm hoch wird. Im unteren Teil verholzt die Pflanze, während im Frühjahr aus dem alten Holz feine Stängel mit jungen Blättchen und von Juni bis Juli die duftenden, ährenartigen, lavendelblauen Lippenblüten austreiben. Die weißlichgrüne Färbung der schmal-linealen, gegenständigen Blättchen deutet die große Licht- und Wärmebedürftigkeit des Trockenheit liebenden Lavendels an. Sein wunderbarer Duft und dekorativer Wuchs empfehlen ihn als Würz-, Duft- und Zierpflanze. Seine größte Bedeutung hat

Würz- und Duftpflanze zugleich, hat Lavendel auch hohen gesundheitlichen Wert.

der Lavendel in der Parfümerie, der kosmetischen Industrie, in Potpourris und Duftsäckchen für den Wäscheschrank.

Kultur: Lavendel wächst gut an warmen, sonnigen Stellen in tiefgründigem Boden. Winterschutz ist in rauhen Lagen vorteilhaft. Nach der Blüte sollten die kleinen Sträucher kräftig zurückgeschnitten werden, nicht nur um die duftenden Zweige zu ernten, sondern um zu verhindern, dass die Pflanze nach unten verkahlt. Sie treibt im folgenden Jahr bereitwillig aus dem alten Holz. Die Vermehrung kann über Aussaat, Stecklinge oder Teilung erfolgen.

Inhaltsstoffe: Ätherisches Öl mit Linalool, Linalylacetat und zahlreichen anderen Komponenten, Gerb- und Bitterstoffe.

Gewürz: Die Blütenknospen und Blättchen schmecken parfümhaft kühl-aromatisch und etwas bitter und können frisch oder getrocknet verwendet werden. Im Lebensmittelhandel ist Lavendel vor allem Bestandteil guter Provence-Kräutermischungen und entspannungsfördernder Kräutertees.

Verarbeitung: Junge Blättchen, Blütenknospen oder unverholzte Triebspitzen fein hacken und eventuell mit anderen Kräutern wie Oregano, Thymian, Rosmarin, Kerbel und Basilikum mischen. Getrocknete Triebspitzen rebeln. Lavendel als Speisewürze und Teekraut wegen seines intensiven Aromas sparsam dosieren.

Konservierung: Trocknen, in Öl einlegen.

Verwendung: Besonders in der fran-

zösischen, italienischen und spanischen Küche ist Lavendel ein charakteristisches Gewürz zu Fleisch, Fisch, (eingelegten) Oliven und Käse. Eine erstklassige Provence-Kräutermischung muss Lavendelknospen enthalten, sonst ist sie ihr Geld nicht wert. Entspannungs- und schlaffördernden Abendkräutertees wird ebenfalls gern Lavendel beigemischt.
Gesundheitswert: Entzündungshemmend, insektizid, gallen- und harntreibend, beruhigend, narbenbildend, schweiß- und windtreibend.

Liebstöckel
Levisticum officinale, syn. *Ligusticum paludapifolium*
Familie: Umbelliferae
Liebstängel, Maggikraut, Sauerkrautwurzel, Steckkraut

Aussehen und Herkunft: Der ursprünglich aus dem heutigen Iran stammende Liebstöckel kam aus den Mittelmeerländern zu uns und wuchs schon in den Klostergärten des frühen Mittelalters.

Er ist eine kräftigwachsende, bis 2 m hohe, ausdauernde und frostharte Staude. Seine einfach bis doppelt gefiederten, an den Rändern eingeschnittenen Blätter gleichen denen des Sellerie. Die 8- bis 20-strahligen Blütendolden von Juli bis August sind blassgelb, die gelblichen oder braunen Wurzeln fleischig. Die elliptischen Doppelschließfrüchte enthalten fünfrippige braune Teilfrüchte (Samen).
Kultur: An sonnig-warmen Standorten in nahrhaften Böden kann die Pflanze beeindruckende Ausmaße annehmen, so dass eine Staude für den Hausgebrauch völlig genügt. Die Vermehrung erfolgt über Aussaat oder Wurzelstockteilung.
Inhaltsstoffe: Ätherisches Öl mit Butylphthaliden und anderen Bestandteilen, Cumarinderivate, Bitter- und Gerbstoffe, Harz, Zucker, fettes Öl (Samen), organische Säuren.
Gewürz: Würze sind die Blätter, Wurzeln und Samen, die in kleiner Menge maggiähnlich, bitter-aromatisch und in Überdosierung aufdringlich wirken. Im Handel sind getrocknete gerebelte Blätter, unter anderem als Zusatz zu Kräutermischungen.
Verarbeitung: Am besten unzerkleinerte Blättchen oder Wurzelstöcke mitkochen und vor dem Anrichten entfernen.
Konservierung: Trocknen, Einsalzen, Einfrieren.

Liebstöckelblätter würzen Brühen und Suppen.

Verwendung: Liebstöckel dient hauptsächlich als Fleischbrühen- und Suppengewürz, jedoch auch zu Bratenfleisch, Eintöpfen, Gemüse- und Getreidespeisen, Saucen, Salaten und Mayonnaisen kann man ihn verwenden. Mit den Samen können Brot, Käsegebäck und Sauerkonserven gewürzt werden.
Gesundheitswert: Appetitanregend, verdauungsfördernd, harntreibend, reguliert die Menstruation, windtreibend.

Lorbeer

Laurus nobilis
Familie: Lauraceae

Aussehen und Herkunft: Parkanlagen und Terrassen alter Schlösser und Orangerien und auch Hauseingänge schmücken sich gern mit dem sattgrünen Laub pyramidenförmig oder kugelig formierter Lorbeerbäumchen. Auch heute noch sind Lorbeerkränze als Symbol der Weisheit, des Ruhms und der Sieger, mit dem sich einst Olympiasieger und altrömische Kaiser schmückten, ein geläufiger Begriff. Die Zweige dazu lieferte der freiwachsend bis 10 m hohe, zweihäusige Lorbeerbaum aus dem Mittelmeergebiet. Er gehört zur umfangreichen Familie der Lorbeergewächse, deren übrige Mitglieder jedoch hauptsächlich tropische Bäume sind. Zur Gewinnung der Lorbeerblätter werden die Lorbeerpflanzen buschförmig gehalten. Ihre Zweige sind dicht mit ledrigen, an den Rändern gewellten, lanzettlichen Blättern besetzt, die oberseits glänzend dunkelgrün, an der Unterseite matt und etwas heller gefärbt sind. Aus den gelblichweißen Blütendolden entwickeln sich schwarze, eiförmige, kirschgroße Beeren.
Kultur: Da der Lorbeer nicht frosthart ist, wird er in unseren Breiten gern als langlebige, bis 2 m hohe Kübelpflanze gehalten, die den Winter an einem kühlen hellen Ort im Haus verbringt. Sonnige bis halbschattige Standorte im Freien während der Sommermonate begünstigen die Aromabildung entscheidend. Vorteilhaft ist ein Substrat aus humoser, etwas lehmiger Gartenerde mit geringer Sandbeimischung, das feucht gehalten werden muss. Ballentrockenheit verträgt er nicht. Bei Bedarf topft man die Pflanzen im Frühjahr um.
Inhaltsstoffe: Ätherisches Öl mit Terpenen und Alkoholen, Fett-, Gerb- und Bitterstoffe.
Gewürz: Die zweijährigen aromatisch-bitteren Blätter werden im Herbst geerntet, im Schatten ausgebreitet und getrocknet. Qualitätsware kommt stielfrei, unbeschädigt und hellgrün in den Handel; graue, braune und zerbrochene Blätter sind minderwertig. Gemahlene Lorbeerblätter sind in manchen Fleischgewürzmischungen enthalten. Wer selbst ein Lorbeerbäumchen besitzt, hat das ganze Jahr über hocharomatische frische Blätter zur Verfügung. Eine Duftprobe zeigt, dass das hellgrüne junge Laub kaum oder nur ein sehr schwaches Aroma aufweist.
Verarbeitung: Ein halbes bis ganzes unzerkleinertes Blatt wird mitgekocht oder Marinaden beigegeben und vor

dem Anrichten entfernt. Frische Blätter wegen des intensiven Aromas sparsamer dosieren als Trockenware.
Verwendung: Fleischbrühen, Suppen, Eintöpfe, Wild, Pasteten, Fisch- und Fleischmarinaden, Sülzen und Essiggemüse gewinnen durch ein beigegebenes Lorbeerblatt. Eingelegtes Gemüse, marinierte Oliven und Käse, Gewürzessige und -öle sowie Würzsaucen werden ebenfalls durch Lorbeerblätter verfeinert.
Gesundheitswert: Magenstärkend, entzündungshemmend, schweißtreibend, harmonisierend. Das aus den scharfschmeckenden Lorbeerfrüchten gepresste Gemisch aus fettem und ätherischem Öl wird zu Rheuma- und Furunkelsalben verarbeitet und in der Tiermedizin gegen Insektenbefall eingesetzt.

Majoran

Origanum majorana,
syn. *Majorana hortensis*
Familie: Labiatae
Bratenkräutel, Kuchelkraut, Wurstkraut

Aussehen und Herkunft: Das natürliche Verbreitungsgebiet des Majoran liegt im Mittelmeergebiet, wo er wildwachsend als 20 bis 30 cm hoher, mehrjähriger Halbstrauch vorkommt. Der Majoran hat kleine, graugrüne, verkehrt-eiförmige Blättchen, die sich an den behaarten Stängeln jeweils paarweise gegenüberstehen und rötlichweiße, rosa- oder rosalilafarbene Lippenblütchen im Juni. In seinen Heimatländern kommt er in verschiedenen Varietäten vor.

Der feinwürzige Majoran ist nicht frosthart.

Kultur: Da er frostempfindlich ist, wird er bei uns einjährig gezogen, kann jedoch auch eingetopft im Haus überwintern. Er verlangt sonnig-warme Lagen und entwickelt seine größte Würzintensität zur Blütezeit.
Inhaltsstoffe: Terpenhaltiges ätherisches Öl mit Thymol, Bitterstoffe, Lamiaceen-Gerbstoffe.
Gewürz: Die Triebspitzen mit Blättern und Blütenansätzen haben ein feinwürziges, schwachbrennendes, herbbitterliches Aroma. Auf Märkten werden gelegentlich Sträußchen frischen Majorans angeboten. Ganzjährig ist getrocknetes gerebeltes Kraut im Handel.
Konservierung: Trocknen, in Öl einlegen.
Verwendung: Majoran passt gut zu Grill- und Hackfleischgerichten, Gu-

lasch, Geflügel, Lamm, Kalbfleisch, Hülsenfrüchten, Eintöpfen, Tomatengerichten, Kartoffelsuppe und -salat, Bratkartoffeln, Pizza, weißem Gemüse, hellen Saucen, Schmalz und Mayonnaisen. Seine Bezeichnung »Wurstkraut« deutet auf seine Verwendung in der Wurstherstellung hin, wo er vor allem fette Blut-, Leber- und Bratwürste bekömmlicher macht.
Gesundheitswert: Appetitanregend, Anregung der Magensaftsekretion, blähungswidrig.

Minze

Mentha-Arten
Familie: Labiatae

Aussehen und Herkunft: Die Minzen sind die vermutlich artenreichsten Pflanzen unter den Würz- und Heilkräutern. Die Urformen der 60 bis 80 cm hohen Lippenblütler stammen aus dem Mittelmeergebiet, ihre Varietäten sind jedoch wildwachsend über ganz Europa verbreitet. Ihre stark balsamisch duftenden, dunkelgrünen Blätter sind eiförmig bis lanzettlich und an den Rändern gesägt oder gekerbt, ihre weißen, violetten oder rosafarbenen Blüten, die je nach Art von Juli bis August erscheinen, sind in Scheinquirlen oder -ähren angeordnet. Hauptsächliche Bedeutung hat bei uns die Pfefferminze (*M.* × *piperita* var. *piperita*), eine Kreuzung aus Grüner Minze und Wasserminze, da sie den höchsten Mentholgehalt von allen hat.
Kultur: Die Vermehrung erfolgt über Aussaat oder Wurzelstockteilung.

Es lohnt sich, verschiedene Minzesorten im Garten zu haben.

Minzen lieben frischen bis feuchten Boden an halbschattigen, warmen Standorten und wuchern stark.
Inhaltsstoffe: Die Pfefferminze enthält ätherisches Öl mit Menthol, Menthon, Menthofuran, Methylacetat, Gerbstoffe, Flavonoide, grünen Farbstoff.
Gewürz: Die frischen oder getrockneten Blätter und Triebspitzen schmecken aromatisch-scharf, im Nachklang kühl-erfrischend. Im Handel ist Pfefferminze als Teedroge, Aromaöl und als Aromatikum in Naschwerk und Likör.

Verarbeitung: Frisches Kraut hacken, getrocknetes rebeln.
Konservierung: Trocknen.
Verwendung: Gehackte frische Blätter der Krauseminze (*Mentha spicata*) sind vor allem in der englischen und amerikanischen Küche eine traditionelle Würze der berühmten »Mint-Sauce« zu Lamm und Kalbfleisch, doch auch zu Fisch, Pasteten und Aspiks, Gemüse- und Obstsalaten, Säften, Cocktails. Das aus den Blättern gewonnene Öl wird in der Kaugummiherstellung verarbeitet.

Getrocknete Pfefferminzblätter kommen vor allem als Tee auf den Tisch. Süßspeisen wie Cremes, Eis, Bonbons, Glasuren und Likör werden vorteilhaft mit ätherischem Pfefferminzöl aromatisiert. Pfefferminzlikör erhält durch ein Sträußchen Pfefferminze im Ansatz einen ansprechenden Grünton.
Gesundheitswert: Entzündungshemmend, gallentreibend, verdauungsfördernd, krampflösend, schmerzlindernd, tonisch, windtreibend, in höheren Dosen betäubend. Zahncremes, Mundwässern und Medikamenten setzt man Pfefferminzöl als Geschmackskorrigens zu.

Myrte
Myrtus communis
Familie: Myrtaceae

Aussehen und Herkunft: Myrtenpflanzen sind so charakteristisch für die Mittelmeerflora wie Olivenbäume. Die glänzend-ledrigen, lanzettlichen Blätter der bis zu 5 m hohen Sträucher sind dicht mit Öldrüsen besetzt. Die gestielten weißen Blüten im Mai bis Juni entspringen einzeln in den Blattachseln und reifen zu schwarzen Beeren heran.

Mit Myrtenkränzen schmückte man früher Bräute und Helden; Gäste freudig-feierlicher Anlässe steckten sich Myrtenzweige an.
Kultur: Als Kübelpflanze kann Myrte bei uns im Sommer im Freien, im Winter hell, frostfrei und kühl gehalten werden.
Inhaltsstoffe: Terpenhaltiges ätherisches Öl mit Myrtol, Apfel- und Zitronensäure, Harz, Gerb- und Bitterstoffe.
Gewürz: Sowohl das wohlriechende Laub als auch die herbsüßen Früchte kann man in ihren Heimatländern als Gewürz kennenlernen, sind bei uns jedoch nicht im Handel.
Verwendung: Myrtenzweige können ähnlich Rosmarin- oder Thymianzweigen auf die Grillglut gelegt werden oder Bratenfleisch würzen. Die Beeren werden in Bratensaucen ähnlich Wacholderbeeren mitgegart.
Gesundheitswert: Adstringierend, antiseptisch. Medizinisch wird Myrtol besonders bei Lungen- und Bronchialerkrankungen eingesetzt, da es die Sekretabsonderung der Atemwege fördert.

Oregano
Origanum vulgare
Familie: Labiatae
Dost, Origano, Staudenmajoran, Wilder Majoran

Aussehen und Herkunft: Das Ursprungsgebiet des Oregano liegt in

Südeuropa. Dost wächst aber inzwischen auch wild bis nach Skandinavien und in Mittel- und Nordamerika an sonnig-warmen und trockenen Standorten. Die buschige Staude wird bis zu 60 cm hoch, bildet eiförmige, spitz zulaufende Blätter und von Juli bis September Blütenrispen mit kleinen dunkelrosafarbenen Lippenblüten.
Kultur: Ausgesät oder durch Wurzelstockteilung vermehrt, ist Oregano eine pflegeleichte Gartenpflanze für sonnige Plätze.
Inhaltsstoffe: Ätherisches Öl mit Thymol und Triterpenen, Lamiaceen-Gerbstoff, Rosmarinsäure, Bitterstoffe.
Gewürz: Die Blättchen und Triebspitzen vor der Blüte schmecken brennend-würzig und leicht herb-bitter, etwa wie eine Mischung aus Majoran und Thymian. Im Handel ist Oregano getrocknet und gerebelt sowie als Bestandteil von Mischgewürzen für Pizza, Fleisch, Fisch, Chili con carne und in italienischen und Provence-Kräutermischungen.
Konservierung: Trocknen, in Öl einlegen.
Verwendung: Die italienische, französische, mexikanische und US-amerikanische Küche haben den höchsten Oregano-Verbrauch. Oregano würzt Grillfleisch und kurzgebratenes Fleisch, Bratfisch, Pizza, Hackfleisch- und Tomatensaucen, Salate, zusammen mit Chili und Knoblauch mexikanische Bohnengerichte, mittelamerikanische Chiliwürzsaucen (»Salsa«) und auch Rohwürste und Schmalz.
Gesundheitswert: Galletreibend, schleimlösendes Hustenmittel.

Petersilie

Petroselinum crispum,
syn. P. hortense, P. sativum
Familie: Umbelliferae
Peterle, Kräutel

Aussehen und Herkunft: Unser am häufigsten verwendetes Frischgewürz ist die Blattpetersilie (*P. crispum* convar. *crispum*). Wie die meisten bei uns angebauten Kräuter stammt sie ursprünglich aus dem Mittelmeergebiet. Glattblättrige Petersilie hat eine intensivere Würzkraft als die krausblättrigen Arten, die besonders als Garnierung dekorativ sind.
Kultur: Im Garten werden beide einjährig angebaut, denn im zweiten Jahr stirbt die Pflanze nach dem Erblühen der weißen Dolden im Juni bis Juli ab. Die cremeweißen Pfahlwurzeln der Wurzelpetersilie (*P. crispum* convar. *radicosum*) erntet man im Herbst.
Inhaltsstoffe: Die Blätter enthalten ätherisches Öl mit Apiol und Myristicin, Flavonglykosid Apiin, Cumarin, Mineralstoffe, Vitamin C (170 mg pro 100 g), Vitamin A.
Gewürz: Die feingehackten frischen, herbwürzigen Blätter ohne Stiele streut man über gekochte und rohe Speisen. Sie werden nicht mitgekocht. Die intensiv-aromatischen Wurzeln der Wurzelpetersilie sind oft Bestandteil von Suppengrün und schmecken gekocht süßlich. Viel zu wenig bekannt ist ihre Verwendung als Gemüse oder Salat. Frische und getrocknete Petersilienblätter sind das ganze Jahr

Petersilie, Schnittlauch und Dill sollten in keiner Küche fehlen.

über im Handel, Wurzelpetersilie als Frischware im Herbst.

Konservierung: Blätter einfrieren oder trocknen, Wurzeln in Sand einschlagen, in gewürfelter Form einfrieren oder trocknen.

Verwendung: Mit gehackter Blattpetersilie überstreut man Suppen, helle Saucen, Salzkartoffeln, Salate und Quarkspeisen. Blattpetersilie ist Bestandteil des französischen »Bouquet garni« ebenso wie zahlreicher Frisch- und Trockenkräutermischungen für Fisch-, Fleisch-, und Eierspeisen, Suppen, Salate, Quark und Kräuterbutter. Wurzelpetersilie gibt man in Suppen und Eintöpfe.

Gesundheitswert: Appetitanregend, antianämisch (blutbildend), Vitamin-C-Spender (Blätter), blutreinigend, harntreibend, tonisch, Blätter hemmen wie Salbei und Kerbel die Milchsekretion.

Pimpinelle
Sanguisorba minor,
syn. *Poterium sanguisorba, Pimpinella minor*

Familie: Rosaceae
Bibernell, Braunelle, Kleiner Wiesenknopf, Pimpernell

Aussehen und Herkunft: Die Pimpinelle ist ein bei uns heimisches Gewächs, das in zahlreichen Arten Wegraine, Wiesen, Trockenrasen und Heiden besiedelt. Aus einer Basisrosette wachsen 15 bis 20 cm lange, rötlichgrüne Stängel mit 10 bis 20 cm langen Blattfiedern, die mit ovalen, an den Rändern gezähnten Blättchen unpaarig besetzt sind. Ihre kugelig-eiförmigen, rötlichgrünen Blütenköpfe von Mai bis Juni sind unauffällig und besitzen keine Blütenblätter. Die weiße schlanke Pfahlwurzel ist lang wie die des Löwenzahns.

Kleiner und Großer Wiesenknopf (*Sanguisorba officinalis*) werden gelegentlich mit der Kleinen Bibernelle (*Pimpinella saxifraga*) verwechselt, die allerdings zu den Doldenblütlern gehört.

Kultur: Die Pimpinelle bevorzugt sonnige bis halbschattige Standorte. Regelmäßiges Entfernen der Blütenansätze verlängert die Erntedauer. Sie ist ein zu Unrecht fast vergessenes Würzkraut. Die Anzucht geschieht über Aussaat, ältere Wurzelstöcke sind teilbar. Auch Setzlinge werden angeboten.

Inhaltstoffe: Ätherisches Öl, Gerbstoffe (besonders in der Wurzel), Saponin, Sanguisorbin.

Gewürz: Die jungen Blätter und Blütenknospen schmecken angenehm mildwürzig, gurkenähnlich und etwas herb. Im Handel ist Pimpinellekraut nicht.

Verarbeitung: Zarte Blätter fein hacken, wiegen oder im Ganzen als Zusatz zu Kräuteressigen und zum Einlegen von Gemüse verwenden. Wegen des zarten Aromas nicht mitkochen.

Verwendung: Am besten mit anderen Frischkräutern wie Schnittlauch, Kapuziner- oder Gartenkresse, Petersilie, Dill, Kerbel und dergleichen mischen, zu Kräutersaucen, Salatdressings, (Creme-)Suppen, Fischmarinaden, Omelettes, Quark, Kräuterbutter,

Rosmarin und Salbei wachsen gerne an vollsonnigen Standorten.

Mayonnaisen, Kräuteressig und eingelegten Gurken verwenden.
Gesundheitswert: Verdauungsfördernd, astringierend, wundheilend, harntreibend, windtreibend. Der Tee aus den Wurzeln ist ein altes Hausmittel gegen Durchfälle und – abgekühlt – zur Wundbehandlung.

Rosmarin

Rosmarinus officinalis
Familie: Labiatae
Meertau, Weihrauchkraut

Aussehen und Herkunft: In seiner Heimat am Mittelmeer bildet Rosmarin bis zu 2 m hohe, buschige Halbsträucher. Seine immergrünen, nadelförmigen, 2 bis 3 cm langen, an den Rändern eingerollten Blättchen sind auf der Oberseite dunkelgrün, unterseits weißlich. Während die Stängel von unten her verholzen, treibt die Pflanze aus den Triebspitzen immer neu aus, wobei zwischen März und Mai die hellblauen Lippenblüten erscheinen. Als Heil-, Gewürz- und Parfümeriepflanze ist Rosmarin seit dem Altertum in Gebrauch.
Kultur: Wegen seiner Frostempfindlichkeit wird der Rosmarin bei uns hauptsächlich als Kübelpflanze kultiviert, die ihr Winterquartier in einem kühlen hellen Raum hat. Im Sommer braucht er einen sonnig-heißen Standort, um sein volles Aroma auszubilden. Bei Ballentrockenheit von Topfpflanzen droht Blattlausbefall. Sowohl Samen als auch Jungpflanzen sind im Handel.
Inhaltsstoffe: Etwa 2 % ätherisches Öl mit Terpenen und Kampfer, Glyko-

side, Harz, Lamiaceen-Gerbstoff, Rosmarinsäure, Saponin, Cholin.
Gewürz: Die bitteren Blättchen und unverholzten Triebspitzen entwickeln ihr stärkstes balsamisch-kampferartiges Aroma während und nach der Blüte. Im Handel ist getrockneter, gerebelter Rosmarin, unter anderem als Zusatz zu Gewürzmischungen wie Italienischen Kräutern, Provencekräutern, Fleisch- und Fischgewürzen.
Konservierung: Trocknen, Tiefgefrieren, in Öl einlegen.
Verwendung: Besonders Gerichte der italienischen und französischen Küche verlangen Rosmarin, desgleichen fette Braten von Lamm, Schwein und Wild, Geflügel und Fisch; Fleisch-, Tomaten- und Käsesaucen, Suppen, Rosmarinwein, Bitterliköre und Kräuteröl. Beim Grillen kann man einen Rosmarinzweig auf die Glut legen.
Gesundheitswert: Magen- und nervenstärkend, bessert Kreislauf und niedrigen Blutdruck, antirheumatisch, gallentreibend, verdauungs- und schlaffördernd, insektenvertreibend. In Überdosierung schädlich.

Salbei

Salvia officinalis
Familie: Labiatae
Edelsalbei, Gartensalbei, Kreuzsalbei

Aussehen und Herkunft: Der immergrüne, 30 bis 60 cm hohe Salbei kommt wie die mit ihm verwandten lippenblütigen Gewürz-Halbsträucher (Ysop, Lavendel) aus dem Mittelmeergebiet. Seine länglich-eiförmigen, samtig behaarten Blätter sind weißlich-grün, die violettblauen Lippenblüten, die im Juni und Juli erscheinen, in Scheinähren angeordnet. In der unteren Hälfte verholzt die Pflanze.
Kultur: Salbei ist frosthart und ersetzt erfrorene Blätter im Frühjahr durch Neuaustrieb. Er ist ein hübscher, wertvoller Halbstrauch für sonnig-heiße, trockene Standorte und eine kleine Apotheke für sich. Salbei kommt in einer Reihe von Varietäten vor, zum Beispiel klein- und großlaubigen Sorten, deren Aroma jeweils etwas unterschiedlich ist. Auch Züchtungen mit weiß-grünem und weiß-rot-grünem Laub sind auf dem Markt. Man zieht ihn aus Samen oder erwirbt Setzlinge. An trocken-heißen Standorten sät er sich gelegentlich selbst aus.
Inhaltsstoffe: 2 bis 2,5 % ätherisches Öl mit Thujon, Cineol, Kampfer und anderen Verbindungen; Gerb- und Bitterstoffe, Flavonoide.
Gewürz: Die balsamisch duftenden jungen Blätter oder Triebspitzen vor der Blüte schmecken intensiv würzig-bitter. Ihr volles Aroma erreicht die Pflanze erst ab dem zweiten Jahr. Getrocknete Salbeiblätter sind ganz, geschnitten und gemahlen im Handel, unter anderem als Zusatz zu Kräutermischungen für Fleisch- und Fischgerichte und in Italienischen Kräutern.
Verarbeitung: Blätter wegen der enthaltenen Bitterstoffe sparsam dosieren und kurz mitkochen.
Konservierung: Trocknen, in Öl einlegen.
Verwendung: Vor allem schwere fette Speisen und junges Fleisch verlangen nach Salbei, zum Beispiel Lamm- und

Schweinebraten, gebratener Aal, gebackene Leber, Hackfleischspeisen, Schaschlik, Kalbsbraten, Gänse- und Entenfüllsel, Pasteten, pikante Aufläufe, Käsesalate und Kräuteröle.
Gesundheitswert: Desinfizierend, antidiabetisch, fördert die Gallensekretion, antiseptisch und wundheilend, insektenvertreibend, schweißhemmend. Der Teeaufguss ist ein wirksames Hausmittel gegen übermäßiges Schwitzen, ein Gurgelmittel bei Rachenentzündungen und ein Abstilltee. Überdosierung kann zu Vergiftungserscheinungen führen.

Kultur-Sauerampfer bildet rasch kräftigwüchsige Stauden.

Sauerampfer

Rumex rugosus,
syn. *R. acetosa* var. *hortensis*
Familie: Polygonaceae
Gartensauerampfer, Salatampfer, Sauergras, Sauerknöterich

Aussehen und Herkunft: Der bis 1 m hohe Sauerampfer, ein Knöterichgewächs, besiedelt feuchte Wiesen in ganz Europa. Die rötlichgrünen, hohlen Stängel tragen von Mai bis August um die Triebspitzen quirlig angeordnete, rötlichgrüne, unauffällige, doch zahlreiche Blüten. Die pfeilförmigen, 20 bis 30 cm langen Blätter der in Gärten kultivierten Zuchtsorten sind wesentlich größer als die des Wildkrautes. Im Winter erfriert der oberirdische Teil, doch treibt die Pflanze aus dem Wurzelstock jährlich neu aus.
Kultur: Die Vermehrung erfolgt über Samen oder durch Wurzelstockteilung. Sauerampfer hat ebenso wie andere Polygonumgewächse die Tendenz, sich stark auszubreiten, weshalb man im Garten die Selbstaussaat durch rechtzeitiges Entfernen der Blüten- oder Samenstände verhindert. Halbschattige und schattige Standorte liefern zartere Blätter.
Inhaltsstoffe: Eisen, Kaliumhydrogenoxalat, Oxalsäure, Vitamin C, Gerb- und Bitterstoffe.
Gewürz: Die säuerlich-herben jungen Blätter der Zuchtsorten sind im Geschmack milder als die Wildform. Wegen der enthaltenen Oxalsäure nicht zu reichlich und nicht zu häufig verwenden. Auf Gemüsemärkten vereinzelt frisch erhältlich.
Verarbeitung: Die gehackten Blätter roh oder gekocht verwenden. Sie dürfen nicht in Kupfergefäßen zubereitet werden.

Konservierung: Einfrieren.
Verwendung: Sauerampfer kommt mit anderen Frischgewürzen gemischt in Kräutersaucen (zum Beispiel der Frankfurter »Grünen Sauce«), Suppen, Salaten und Sauermilchprodukten vor. Die ersten jungen Blätter werden mancherorts ebenso wie die des verwandten Wiesen- oder Schlangenknöterichs (*Polygonum bistorta*) im Frühling wie Spinat gekocht und als Fleischbeilage gereicht.
Gesundheitswert: Blutreinigend, abführend. Nicht bei Rheuma, Gicht und Steinerkrankungen oder zusammen mit Mineralwasser einnehmen. Größere Mengen können aufgrund des in der Pflanze enthaltenen Kaliumhydrogenoxalats sowie der Oxalsäure besonders bei Kindern zu Vergiftungen führen.

Schabzigerklee
Trigonella caerulea,
syn. T. melilotus-caerulea
Familie: Leguminosae
Bisamklee, Käseklee, Zigerklee

Aussehen und Herkunft: Diese Steinkleeart stammt aus dem östlichen Mittelmeerraum und wird heute hauptsächlich in Deutschland und in der Schweiz als Käsewürze angebaut. Der Schabzigerklee ist eine niedrigwachsende, einjährige Gebirgspflanze mit hellblauen Schmetterlingsblüten. Er entwickelt sein besonderes Aroma ähnlich dem Bockshornkleekraut erst im Laufe der Trocknung.
Inhaltsstoffe: Ätherisches Öl, Gerb- und Bitterstoffe.
Gewürz: Die getrockneten jungen Triebspitzen duften süßlich-würzig und schmecken maggiartig mit schwach bitterer Note. Das grüne Pulver daraus ist in Reformhäusern erhältlich.
Verarbeitung: Die Blätter vor Blütebeginn ernten, trocknen und pulverisieren. Sparsam dosieren, denn in Überdosierierung dominieren die bitteren Geschmacksanteile.
Verwendung: Schabzigerklee ist das traditionelle Gewürz der schweizerischen Zigerstöckli – 100 bis 200 g schwerer, mit Schabzigerklee hergestellter Käsekegel. Eine Messerspitze Schabzigerkleepulver gibt Quark, Frischkäse, Käsesalaten, Bratkartoffeln, Rühreiern und Aufläufen mit Käse und Ei ein herzhaft-würziges Aroma.
Gesundheitswert: Appetitanregend, verdauungsfördernd.

Sellerie
Apium graveolens
Familie: Umbelliferae
Eppich, Suppenkraut
Weitere Arten: Bleichsellerie, Stielsellerie, Stangensellerie (*A. graveolens* var. *dulce*)
Blattsellerie, Schnittsellerie (*A. g.* var. *secalinum*)
Knollensellerie, Wurzelsellerie (*A. g.* var. *rapaceum*)

Aussehen und Herkunft: Der zweijährige, 30 bis 100 cm hohe Sellerie kommt wildwachsend in den gemäßigten und subtropischen Zonen aller Kontinente vor. An den kräftigen,

fleischigen Stängeln sitzen Fiedern mit glänzend dunkelgrünen, gezähnten Blättern; von Juli bis September tragen die Dolden kleine gelbe Blüten. Bei den im Garten kultivierten Formen des Knollen-, Schnitt- und Bleichselleries handelt es sich um Züchtungen aus der bitteren Wildform. In der indischen Küche und Volksheilkunde nutzt man auch die als »Ajowan« oder »Ajwain« bezeichneten kleinen, bitter-thymianähnlich schmeckenden Samen einer Wildsellerieart (siehe Seite 81).
Kultur: Sellerie braucht nährstoffreichen Boden in sonniger bis halbschattiger Lage. Er wird einjährig aus Samen oder Setzlingen gezogen.
Inhaltsstoffe: Ätherisches Öl mit Limonen und Apiol, Flavonglykosid Apiin, öliges Harz, Mineralstoffe, Vitamine B, C und E. Vor allem in der Knolle Cholin, Stärke und Schleimstoffe.

Gewürz: Blätter, Knolle und Samen des Knollen- und Blattselleries sind kräftig-würzig und etwas süßlich. Im Handel sind Selleriesalz (aus Blättern oder Samen), ganze Knollen sowie Blätter und Knollenstücke als Bestandteile von Suppengrün und Wurzelwerk.
Verarbeitung: Blätter und Knollenstücke für Brühen ganz lassen, mitkochen und vor dem Anrichten entfernen. Für Gewürzmischungen die getrockneten Blätter rebeln, die Samen pulverisieren.
Konservierung: Blätter trocknen, in Salz einlegen oder einfrieren, Knollen in Sand einschlagen.
Verwendung: Sellerie ist ein Gewürz für Fleischbrühen, Bratensaucen, Eintöpfe und Suppen. Die gekochten Knollen werden auch gerne als Gemüse oder Salat zubereitet.
Gesundheitswert: Blutreinigend, harntreibend, tonisch, antirheumatisch, erweichend, bekämpft Husten, volkstümliches Sexualstimulans (Vitamin-E-Wirkung), senkt Übergewicht.

Thymian

Thymus vulgaris
Familie: Labiatae
Gartenthymian, Römischer Quendel

Aussehen und Herkunft: Ein naher Verwandter des Quendels oder Feldthymians unserer Wiesen und Trockenrasen ist der Gartenthymian. Der 30 bis 40 cm hohe, ausdauernde

Thymian gedeiht auch auf magerem Boden.

Waldmeister ist ein Bodendecker für schattige Bereiche.

Halbstrauch stammt aus dem Mittelmeerraum. Seine elliptischen Blättchen sind am Rand eingerollt und an der Unterseite weißlich behaart. Seine von Juni bis September quirlig um die Stiele angeordneten kleinen Lippenblüten können rosa bis weiß sein. Wie der Quendel wächst der echte Thymian bevorzugt an vollsonnigen trockenen Sandorten. Dort übersteht die Sorte »Deutscher Winterthymian« mit etwas Winterschutz auch Frostzeiten. Sommerthymian dagegen ist nicht winterhart. Zitronenthymian (*T.* × *citriodorus*) hat an Zitrone erinnernde Geschmacksanteile.
Inhaltsstoffe: Ätherisches Öl mit den Bestandteilen Thymol, Carvacrol, Cineol, Borneol und anderen Terpenen, sowie Flavone, Gerb- und Bitterstoffe.
Gewürz: Die Blätter und unverholzten Triebspitzen sind kurz vor der Blüte am würzkräftigsten. Sie schmecken brennend-würzig und mäßig bitter. Thymian ist getrocknet und gerebelt im Handel, unter anderem in vielen Fleisch- und Fischgewürzen, Kräutermischungen und Kräutersalz.
Verarbeitung: Frisches gehacktes oder getrocknetes gerebeltes Kraut kurz mitkochen.
Konservierung: Trocknen, Einfrieren, in Öl einlegen.
Verwendung: Thymian würzt Grillfleisch, Bratenfleisch, Ragout, Geflügel, Fischsuppe und Bratfisch, gebackene Leber, Hackfleischgerichte, Füllsel und Pasteten, Eintöpfe, Suppen, Fleisch- und Fischmarinaden, Kräutersaucen, Salate, eingelegten Käse, Oliven, Knoblauch und Zwiebeln in Marinade, Kräuteröl und Bitterliköre.
Gesundheitswert: Desinfizierend (Thymolwirkung), appetitanregend, gallentreibend, krampflösend, lindert Husten, Stärkungsmittel, vertreibt Darmparasiten und Insekten. In Überdosierung ist Thymian schädlich.

Waldmeister
Galium odoratum,
syn. *Asperula odorata*
Familie: Rubiaceae
Maiblume, Maikraut,
Wohlriechendes Labkraut

Aussehen und Herkunft: Der ausdauernde Waldmeister kommt wildwach-

send in Laub- und Mischwäldern Europas vor, wo er gern größere Bestände bildet. Er ist eine 15 bis 30 cm hohe zierliche Pflanze, deren lanzettliche Blätter in Quirlen stockwerkartig um die vierkantigen Stängel stehen. Von Mai bis Juni erscheinen die kleinen, trichterförmigen, weißen Blüten, die zu Trugdolden zusammengefasst sind. Kriechende dünne Wurzeln sorgen für eine teppichartige Ausbreitung.
Kultur: Waldmeister verlangt einen nährstoffreichen, humosen Boden und wächst problemlos in einer schattigen Gartenecke. Im Handel sind Waldmeistersamen, die Anzucht von Jungpflanzen ist jedoch leichter.
Inhaltsstoffe: Das für den Duft verantwortliche Cumaringlykosid Asperulosid, Bitter- und Gerbstoffe, grüner Farbstoff.
Gewürz: Das frische Kraut vor der Blüte, bei Eigenanbau vom zweiten Jahr an, duftet angenehm aromatisch, der Geschmack ist schwach bitter.
Verarbeitung: Das Kraut vor der Verwendung welken lassen, um das Aroma durch Freisetzung des Cumarin aus dem Glykosid zu intensivieren. Zum Aromatisieren von Getränken Waldmeisterkraut unzerkleinert gebündelt in die Flüssigkeit hängen und einige Stunden darin ziehen lassen; die Schnittstellen sollen dabei nicht in Kontakt mit der Flüssigkeit kommen. Überdosierung kann Kopfschmerzen und Benommenheit auslösen (Cumarinwirkung).
Konservierung: Trocknen.
Verwendung: Zur Bereitung von Maibowle.
Gesundheitswert: Blutreinigend, gallentreibend, beruhigend, insektenvertreibend (zum Beispiel als Duftsäckchen für den Kleiderschrank).

Weinraute
Ruta graveolens
Familie: Rutaceae
Gartenraute

Aussehen und Herkunft: Aus dem östlichen Mittelmeerraum stammt die mehrjährige, mit den Agrumen verwandte Raute. Die Stängel des 50 bis 70 cm hohen, immergrünen Halbstrauches sind dicht mit graublaugrünen Fiederblättchen besetzt. Die grünlich-gelben Blüten (Juni bis Juli) bilden im Laufe der Reife Kapseln mit 2 mm großen, sichelförmigen schwarzen Samen, die sich leicht selbst aussäen.
Kultur: Rauten lieben sonnige Standorte und benötigen in rauhem Klima Winterschutz. Starker Rückschnitt vor dem Frühjahrsaustrieb und häufiges Abernten der jungen Blätter und Triebspitzen vor der Blüte erhöht die Blatterträge wesentlich. 1 bis 2 Pflanzen pro Haushalt genügen.
Inhaltsstoffe: Ätherisches Öl, Cumarin, Chinolin-Alkaloide, Flavonglykosid Rutin, Gerbstoffe.
Gewürz: Der intensive Duft der Blätter erinnert an Wein; ihr Geschmack ist bitter-scharf. Im Handel sind Rautensamen für die Selbstkultivierung, gelegentlich auch Setzlinge erhältlich.
Verarbeitung: Das Gewürz, ähnlich dem Wermut, sparsam dosieren, weil es sehr bitter ist und auch Giftstoffe enthält.

Konservierung: Trocknen, in Öl einlegen.
Verwendung: Am verbreitetsten ist die Weinraute in der italienischen Küche in Tomatenpürree und im Traubenschnaps Grappa, hat aber neuerdings auch bei uns viel an Beliebtheit gewonnen. Sie ist eine wertvolle, delikate Zutat zu fetten Braten von Lamm, Schwein, Wildgeflügel, Ente und Gans, Füllen und Pasteten, Käsespeisen, gehaltvollen Salaten, Mayonnaisen, Würzölen und Bitterlikören.
Gesundheitswert: Krampflösend, harntreibend, beruhigend, in Überdosierung abortiv. Die Berührung besonnter Blätter kann bei empfindlichen Menschen Hautausschläge hervorrufen, deshalb zur Pflege der Pflanzen vorsichtshalber Handschuhe tragen.

Eine Wermutstaude genügt für den Hausgebrauch.

Wermut

Artemisia absinthium
Familie: Compositae
Absinth, Magenkraut, Wurmkraut

Aussehen und Herkunft: Schon im Altertum war der Wermut, ein Verwandter des Beifuß, eine geschätzte Heilpflanze. Die gerieften, weißlichgrünen Stängel des 60 bis 150 cm hohen Halbstrauches sind mit behaarten, silbriggrünen, an den Rändern gelappten Fiederblättern und von Juli bis September mit Rispen zahlreicher gelber Körbchenblüten besetzt. Der Wermut besiedelt Wegränder, Schuttplätze und Ödland in Süd- und Mitteleuropa bis in 2000 m Höhe.
Kultur: Für den Garten zieht man ihn aus Samen, bezieht Setzlinge oder vermehrt ihn durch Teilung älterer Wurzelstöcke. Er benötigt einen sonnigen Standort und ist trockenheitsresistent. Mehr als eine Pflanze wird für den Hausgebrauch kaum nötig sein.
Inhaltsstoffe: Ätherisches Öl mit Thujon, Absinthin, Artabsin und andere Bitterstoffe, Harz, Säuren, Gerbstoffe.
Gewürz: Junge Blättchen vor der Blüte und unverholzte Triebspitzen duften charakteristisch aromatisch. Ihr Geschmack ist außerordentlich bitter und etwas herb. Getrockneten Wermut kann man aus Apotheken beziehen.

Verarbeitung: Frische, am besten unzerkleinerte oder getrocknete Blätter werden in Speisen mitgekocht und vor dem Anrichten entfernt. Wegen des hohen Bitterstoffgehalts sehr sparsam dosieren.
Verwendung: Wermut passt zu fetten Braten von Schwein, Lamm und Gans. Vornehmlich industriell wird Wermut zu Wermutweinen (»Vermouth«), Kräuter- und Bitterlikören verarbeitet.
Gesundheitswert: Anregung der Magensaftsekretion, Gallenmittel, tonisch, desinfizierend, verdauungsfördernd, Wurmmittel. Wermut kann die Muttermilch bitter machen. Nicht in Überdosis oder über längere Zeiträume permanent anwenden.

Ysop

Hyssopus officinalis
Familie: Labiatae
Bienenkraut, Gewürzysop

Aussehen und Herkunft: Der Ysop gehört zur Reihe der zu Unrecht in Vergessenheit geratenen Küchenkräuter. Der vom östlichen Mittelmeergebiet bis nach Mittelasien heimische, 30 bis 60 cm hohe Halbstrauch hat schmal-lanzettliche Blättchen, die die Stängel in Quirlen stockwerkartig umgeben und von Juni bis September violettblaue Lippenblüten in einseitswendigen, beblätterten Scheinähren. Wie die anderen Lippenblütler liebt die Pflanze viel Licht, Wärme und kalkhaltige Böden.
Kultur: In geschützten, sonnigen Lagen ist Ysop winterhart und eignet sich wegen seines ansprechenden Wuchses für Beeteinfassungen, niedrige Dufthecken und als wertvolle Bienenweide. In rauhem Klima ist Winterschutz ratsam. Man zieht die Pflanze aus Samen oder erwirbt Setzlinge.
Inhaltsstoffe: Ätherisches Öl, Glykosid-Bitterstoffe, Cholin, Gerbstoffe.
Gewürz: Blätter und unverholzte Sprossspitzen entwickeln zur Blütezeit ihr volles Aroma. Die ganze Pflanze duftet honigartig. Der Geschmack ist süßlich-feinwürzig, herb und eine Spur bitter. Die süßschmeckenden Blüten sind als essbare Garnierung verwendbar. Getrockneter Ysop ist in Apotheken erhältlich. Das Aroma ist so edel und die Verwendungsmöglichkeiten sind so vielseitig, dass man den Anbau nicht bereuen wird.
Verarbeitung: Gehacktes frisches oder gerebeltes getrocknetes Kraut harmonisiert als Gewürz ähnlich dem Estragon besonders mit trockenem Weißwein, Ingwer, Schalotten, weißen Pfeffer, Muskat und Nelken.
Konservierung: Trocknen, Einfrieren, in Essig oder Öl einlegen.
Verwendung: Seine bedeutsamste Rolle spielt Ysop heute als Likördroge in Kräuter- und Bitterlikören. In der Küche kommt sein Aroma am besten in Raugouts aus hellem Fleisch, Lamm- und Kalbsbraten, Geflügelfüllseln, Pasteten, Fischgerichten, Eintöpfen, Salaten, warmen Kräutersaucen und Kräuterbutter zur Geltung. Ysop veredelt im Handumdrehen einen gewöhnlichen Falschen Hasen zu einer Speise der gehobenen kulinarischen Kategorie. Essig, Öl und Wein verleiht er eine köstliche Note, ebenso wie

Likören, Gewürzsirup und Teemischungen.
Gesundheitswert: Appetitanregend, gallen- und windtreibend, der Teeaufguss gegen Nachtschweiß, Atemwegserkrankungen und als Gurgelmittel bei Halsentzündungen. Der wohlschmeckende Tee wird auch von Kindern gern getrunken. Nervöse Menschen sollten Ysop zurückhaltend gebrauchen.

Zitronengras
Cymbopogon flexuosus,
syn. *Andropogon flexuosus*
Familie: Gramineae
Lemongras, Malabargras, Zitronellgras
Weitere Arten: *C. citratus,*
syn. *Andropogon citratus*

Aussehen und Herkunft: Bei den Zitronengrasarten *Cymbopogon flexuosus* und *C. citratus* handelt es sich um zwei ausdauernde tropische Vertreter der Süßgräser mit bis zu 1,8 m langen Halmen, die im unteren Drittel weiß und fleischig verdickt sind. Zur Blüte kommt es nur selten. Asiatische Auswanderer aus Sri Lanka (Ceylon) und Indonesien brachten das Zitronengras aus seiner südostasiatischen Heimat in die tropischen Gebiete Afrikas und Mittelamerikas, wo es heute ebenfalls in großem Umfang angebaut wird.
Kultur: Gelegentlich kann man auch bei uns in Gärtnereien und Gartencentern Zitronengras als Topfpflanze erwerben und an einem sonnigen bis halbschattigen Fenster in nährstoffreicher Erde mit reichlich Feuchtigkeit kultivieren. In der frostfreien warmen Jahreszeit können die Pflanzen im Freien stehen. Wie andere Gräser auch schneidet man die Halme vor dem Neuaustrieb im Frühjahr knapp über der Erde ab und teilt gegebenenfalls für den Kübel zu groß gewordene Horste.
Inhaltsstoffe: Ätherisches Citronellöl mit den Bestandteilen Citral (bis zu 85 %), Citronellal, Geraniol, und Myrcen.
Gewürz: Der weißfleischige, süßlichherbe Teil der Halme enthält das meiste Citronellöl, das für den erfrischend zitronenähnlichen Duft verantwortlich ist. Asiatische Spezialitätengeschäfte und gelegentlich Delikatessenläden führen das hellkaramellfarbene Zitronengraspulver unter der malaiischen Bezeichnung »Sereh«, außerdem die scharfe indonesische Gewürzpaste »Sambal manis« mit Zitronengrasbeigabe. Getrocknetes geschnittenes Zitronengras wird gern frischaromatischen Kräutertees beigemischt.
Verarbeitung: Frisches Zitronengras kann feingehackt den Speisen beigegeben werden oder, indem man die Halme weichklopft, kurz mitgekocht und vor dem Anrichten entfernt werden. Wegen des intensiven Geschmacks nicht zu reichlich dosieren.
Verwendung: Authentische indonesische und ceylonesische Geflügel- und Fischgerichte sind ohne Zitronengras kaum denkbar, ebenso Chutneys, Pickles und Marinaden. Zitronengras passt jedoch ebenso zu Obstsalaten und Kompotten. Das Gewürz kann nur bedingt durch Zitronenschale ersetzt werden, da letztere bitter ist. Industriell wird das aus Citronellöl extrahierte

Zitronengras ist ein aromatisches tropisches Süßgras.

Citral zu künstlichem Zitronenaroma für die Lebensmittelindustrie aufbereitet und als Duftstoff in der Parfümerie und Seifenherstellung genutzt.
Gesundheitswert: Leicht beruhigend (sedativ), harntreibend.

Zitronenmelisse
Melissa officinalis
Familie: Labiatae
Melisse, Zitronenkraut

Aussehen und Herkunft: Die Zitronenmelisse kommt im Orient und im gesamten Mittelmeergebiet wildwachsend vor. Sie wird 60 bis 120 cm hoch, hat gegenständige, eiförmige, an den Rändern grob gesägte, hellgrüne Blätter und kleine weiße Lippenblüten von Juli bis September, die halbquirlig in den Blattachseln um die verzweigten Stängel stehen.
Kultur: Die Melisse kann aus Samen oder durch Wurzelstockteilung vermehrt werden und liebt sonnig-warme Standorte. Buschigere Pflanzen und höhere Blatterträge erzielt man durch rechtzeitiges Einkürzen des Mitteltriebes. Züchtungen mit gelbgrünem und goldgelbem Laub sollten halbschattig stehen, damit ihre Blätter nicht verbrennen.
Inhaltsstoffe: Ätherisches Öl mit Citral und Citronellal; Bernsteinsäure, Cumarin, Harz, Gerbstoff.
Gewürz: Junge Blätter und Triebspitzen vor der Blüte duften zitronenähnlich erfrischend und schmecken bitterlich-kühlend. Getrocknete Melisse kann in Teeläden und Apotheken bezogen werden. Sie ist in Kräutermi-

Zitronenmelisse wirkt entspannend und krampflösend.

schungen für Fischgerichte und in erfrischenden, entspannungsfördernden Kräutertees enthalten.
Verarbeitung: Melisse in heißen Speisen mitziehen lassen, nicht kochen, da sich das zarte Aroma leicht verflüchtigt.
Konservierung: Einfrieren, Trocknen.
Verwendung: Melisse ist eine erfrischende Würze zu gekochtem Fisch und Fischmarinaden, Kräutersaucen, grünem Salat und Tomatensalat, Kräuterquark, Dressings, Dips, Kräutertee und Eistee sowie Melissenwein. Industriell gewinnt man aus Melisse Extrakte zur Bereitung von Kräuterlikören, Melissengeist, Parfums und Badezusätzen.
Gesundheitswert: Fördert den Gallenfluss, löst Krämpfe der Verdauungs- und Atemwege, beruhigt und fördert den Schlaf, lindert nervöse Herzbeschwerden.

Zwiebeln

Allium-Arten

Familie: Liliaceae

Charakteristisch für die Mehrzahl der *Allium*-Arten ist die Ausbildung von Nährstoffspeicherorganen in Form von Zwiebeln.

Gemeinsam ist allen Mitgliedern dieser Pflanzenfamilie der Gehalt schwefelhaltiger Knoblauchöle, die erst nach der Verletzung der Pflanzenzellen austreten können. Die Knoblauchöle der unterschiedlichen Zwiebelgewächse weisen verschiedene Zusammensetzungen auf und begründen so die Geschmacksvarianten der zahlreichen Arten und Sorten.

Bärlauch

Allium ursinum
Familie: Liliaceae
Bären-Lauch

Aussehen und Herkunft: In Laubwäldern, Gebüschen und Parks mit nährstoffreichen, feuchten Böden bildet der einheimische ausdauernde Bärlauch gerne teppichartige Bestände. Die Pflanzen werden 15 bis 50 cm hoch; ihre Blätter ähneln denen des Maiglöckchens. Die sternförmigen, 1 cm großen, weißen Blüten im Mai bis Juni sitzen in halbkugeligen Trugdolden auf dreikantigen Stängeln. Im Garten gedeihen die Pflanzen am besten an halbschattigen Standorten.

Südliche Länder liefern die besten Knoblauchqualitäten.

Inhaltsstoffe: Schwefelhaltiges ätherisches Öl, Schleimstoffe, Vitamin C (Blätter).
Gewürz: Das Aroma der saftigen Blätter ähnelt dem des Schnittknoblauchs. Gelegentlich kann man Bärlauchpflanzen in Gärtnereien erwerben.
Verarbeitung: Frische Blätter hacken, nicht kochen.
Verwendung: Bärlauch verwendet man wie Schnittlauch zum Überstreuen von Brühen, Suppen und Eintöpfen, zu Salaten, Quark, Dressings, Mayonnaisen und Kräuterbutter.
Gesundheitswert: Ähnlich dem von Knoblauch, doch abgeschwächt. Vorsicht: Es besteht Verwechslungsgefahr mit dem giftigen Maiglöckchen!

Knoblauch
Allium sativum
Familie: Liliaceae
Gruserich, Knofl, Knoflak

Aussehen und Herkunft: Der Knoblauch ist ein ausdauerndes Liliengewächs aus den Steppen Zentralasiens mit zwiebelähnlichem, bis 70 cm hohem, linealem Laub. Die Zwiebeln setzen sich aus länglichen Zehen (Teilzwiebeln) zusammen, deren Außenhaut weiß, rosa oder violett sein kann und deren Größe von der Sorte und dem Klima des Anbaugebietes abhängt. Die bis zu 1 m hohen roten Blütenstände bilden schüttere Scheindolden mit zahlreichen Brutzwiebelchen. Je mehr Sonne und Nährstoffe der Knoblauch während seiner Wachstumsperiode bekommt, desto besser ist seine Qualität. Feucht-kühles Klima erzeugt minderwertige Ware, weshalb Knoblauch überwiegend aus südlicheren Ländern importiert wird. Wenn das Laub der Pflanzen sich gelblich verfärbt, wird er geerntet, zu Zöpfen geflochten und im Schatten getrocknet.

Inhaltsstoffe: Geruchsintensive, schwefelhaltige ätherische Öle (sogenannte Knoblauchöle) mit dem besonders stark antibiotischen Wirkstoff Allicin, außerdem Enzyme, Sexualhormone, Schleimstoffe, Mineralsalze und Spurenelemente sowie die Vitamine A, B_1, B_2, Niacin und C.

Gewürz: Die scharf-aromatischen, eindringlich duftenden Zehen sollten prall und festfleischig sein. Vertrocknete, fleckige oder keimende Zehen sind minderwertig. Sehr früh geerntete, unausgereifte Knollen haben ein abgeschwächtes Aroma. Im Handel sind ganzjährig frischer Knoblauch, Knoblauchgranulat und in Öl eingelegte Zehen. In zahlreichen Fleischgewürzmischungen ist Knoblauchpulver enthalten, zum Beispiel in Grill-, Gulasch- und Chinagewürz und natürlich in Knoblauchsalz.

Verarbeitung: Die Zehen werden von der trockenen Außenhaut befreit, gehackt, in Scheiben geschnitten oder auch zerquetscht und roh oder gekocht verwendet. Wegen des intensiven, zur Dominanz neigenden Aromas ist eine abgestufte Dosierung wichtig. Salatschüsseln reibt man vielfach nur mit einer halbierten Knoblauchzehe aus. Gekühlt entwickelt roher Knoblauch einen unangenehmen Geschmack.

Im Frühsommer haben Jung-Zwiebelbünde Saison.

Verwendung: Obwohl man nach Knoblauchgenuss bekanntlich »duftet«, ist das Gewürz in Maßen heute überall salonfähig. Dies vielleicht, weil es besonders für berühmte Küchen wie die französische, chinesische oder mittelamerikanische unverzichtbar ist. Knoblauch ist vielseitig im Gebrauch und gibt manchem Gericht erst das gewisse Etwas. Er würzt Fleisch-, Geflügel und Fischgerichte, Wurstwaren, warme und kalte Saucen, Salate, Quark, Tsatsiki, Dips, Kräuterbutter, die französische Olivenpaste Tapenade, italienischen Pesto, eingelegte Gemüse, amerikanische und asiatische Chiliwürzsaucen und Knoblauchöl.
Gesundheitswert: Auf Distanz desinfizierend, verdauungsanregend, blutreinigend, entzündungshemmend, senkt hohen Blutdruck, vertreibt Darmparasiten, beugt Arterienverkalkung und Gefäßverengung vor und ist antidiabetisch. Den höchsten Wert für die Gesundheit hat frischer roher Knoblauch, doch werden zahlreiche geruchlose Präparate angeboten. Man schreibt ihm auch verjüngende Eigenschaften zu.

Schalotte

Allium cepa var. *ascalonicum*, syn. *A. ascalonicum*
Familie: Liliaceae

Aussehen und Herkunft: Die Schalotte, deren winterharte, büschelig wachsende Zwiebeln sich aus mehreren halbeiförmigen Zwiebelchen zusammensetzen, stammt wahrscheinlich aus Mittelasien. Charakteristisch für dieses Liliengewächs sind die äußeren rötlichen Schalen. Am begehrtesten ist die Schalotte heute in Frankreich und Nordamerika, wo sie in zahlreichen Varietäten mit unterschiedlichen Geschmacksnuancen kultiviert wird. Gerade die besten Sorten bringen keine Samen hervor, weshalb man sie über Steckzwiebeln vermehrt.
Inhaltsstoffe: Antibiotische Knoblauchöle, Flavonoide, Mineralstoffe und Spurenelemente, die Vitamine A, B_1, B_2, Niacin, B_5, C und E.
Gewürz: Schalotten sind feinwürziger als gewöhnliche Zwiebeln mit je nach Sorte mehr oder weniger Schärfe. Sie sind im Gemüsehandel erhältlich.
Verarbeitung: Gehackte Schalotten roh verwenden oder mitgaren, jedoch nicht anbraten, da sie sonst bitter werden.
Verwendung: Schalotten sind ein typisches Würzmittel zu Feinschmeckergerichten der französischen, nordamerikanischen und rheinländisch-deutschen Küche aus Fleisch, Geflügel, Fisch und anderen Meeresfrüchten, für Käse, Terrinen und Pasteten.
Gesundheitswert: Abführend, ausleitend, fördert den Auswurf und bekämpft Husten, senkt hohen Blutdruck, herzstärkend, harntreibend, Vitamin-C-Spender.

Schnittlauch

Allium schoenoprasum
Familie: Liliaceae
Binsenlauch, Graslauch
Weitere Arten: Schnittknoblauch (*A. tuberosum*)

Aussehen und Herkunft: Schnittlauch ist unser meistverwendetes einheimisches Küchenkraut. Der Chinesische Schnittlauch oder Schnittknoblauch (*A. tuberosum*) hat nicht röhriges, sondern fleischiges glattes Laub und wird als Saatgut oder Pflanze angeboten. Sein Geschmack ist knoblauchähnlich.
Kultur: Die ausdauernde Pflanze mit den Blattröhren und kugelförmigen purpurfarbenen Blüten von Mai bis Juli liebt sonnige Standorte und feuchten, nährstoffreichen Boden. Feinröhrige Sorten sind milder, grobröhrige Sorten dagegen ertragreicher. Die Pflanzenballen sollten alle zwei Jahre geteilt und versetzt werden. Damit die Blätter kräftiger werden, empfiehlt es sich, die Blütenstände auszubrechen.
Inhaltsstoffe: Beide Arten enthalten Knoblauchöle, Schleimstoffe, viel Vitamin C (50 mg pro 100 g Blätter).
Gewürz: Von beiden Arten sind die Blätter und Blüten vorzugsweise als dekorative Frischwürze verwendbar. Die Blüten schmecken scharf-süßlich und sind als essbare Garnierung geeignet. Schnittlauchbünde, ganze Pflanzen und getrockneter Schnittlauch sind das ganze Jahr über im Handel.
Verarbeitung: Die Blätter hacken, die Blüten je nach Größe und Bedarf entweder ganz lassen oder auseinanderzupfen. Schnittlauch nicht kochen.
Verwendung: Zum Überstreuen von Suppen und Saucen, in Omelettes, zu Salaten, Frischkäse, Quark und Kräuterbutter.
Gesundheitswert: Antiseptisch, harntreibend, abführend und ausleitend, Vitamin-C-Spender.

Zwiebel

Allium cepa
Familie: Liliaceae
Bolle, Küchenzwiebel, Speisezwiebel
Weitere Arten: Frühlingszwiebel, Lauchzwiebel, Winterzwiebel (*A. fistulosum*)

Aussehen und Herkunft: Die Speisezwiebeln gehören zu den ältesten Kulturpflanzen. Diese Liliengewächse sind heute wie früher weltweit das meistverwendete und vielseitigste Gewürz. Zahlreiche Varietäten der Zwiebel werden kultiviert, deren Heimat man in Zentralasien vermutet. Es gibt Sorten mit weißen, gelben, braunen und roten Schalen. Ihre Größe variiert von den kleinen Silberzwiebeln bis zur pfundschweren Fleischer- oder Industriezwiebel. Kleinere Sorten sind schärfer als größere. Große rotschalige Zwiebeln werden auch als Gemüsezwiebeln gehandelt.
Kultur: Unsere Küchenzwiebel oder Sommerzwiebel (*A. cepa*) ist eine zweijährige Pflanze, die nach der Aussaat im ersten Jahr eine kleine Zwiebel als Nährstoffspeicher bildet, der sich im zweiten Jahr noch vergrößert und

Blüten und Samen bildet. Ihre Sorten sind nicht frosthart und müssen im Winter frostfrei und trocken eingelagert werden. Steckzwiebeln können aus Samen gezogen oder im Frühjahr in jedem Lebensmittelgeschäft oder Gartenmarkt für den Anbau erworben werden.

Die frostharte Winterzwiebel (*A. fistulosum*) stammt aus dem Fernen Osten und kann das ganze Jahr über draußen bleiben. Sie ist im Geschmack milder als die Sommerzwiebel.

Sehr praktisch sind Winterheckenzwiebeln, von denen man sommers wie winters frisches Zwiebelgrün ernten kann. Es sind ausdauernde Sorten, die immer wieder austreiben.

Die auch als Frühlings-, Lauch- oder Schlottenzwiebeln bekannten Zwiebeln haben eine gestreckte schlanke Form ohne ausgeprägte Zwiebelbildung und werden im Frühjahr und Frühsommer für den Sofortverbrauch angebaut.

Inhaltsstoffe: Alle Zwiebelarten enthalten ätherisches Öl mit den Bestandteilen Alliin, Allicin und Schwefelverbindungen, das Tränen verursachende Propanthialoxid, Schleimstoffe, Inulin, Mineralien (Natrium, Kalium, Calcium, Phosphor, Eisen), Vitamine (A, B_1, B_2 und C), Kohlenhydrate (69 %) und Eiweiß (10 %).

Gewürz: Alle unvertrockneten Teile der Pflanze sind würzig und essbar. Ihr Aroma ist süßlich-aromatisch und je nach Sorte mehr oder weniger scharf.

Als unverzichtbares Gewürz sind die verschiedenen Zwiebelsorten das ganze Jahr über als Frischware im Handel. Darüber hinaus werden Zwiebelpulver, Zwiebelsalz, Röstzwiebeln und Zwiebelflocken angeboten. Perlzwiebeln sind ein gängiges Gewürz in Sauerkonserven wie »Mixed Pickles« und essigsauren Gurken.

Verarbeitung: In Brühen und Bratensaucen werden gern unzerkleinerte Zwiebeln mitgegart und vor dem Anrichten entfernt. Für eine Reihe anderer Zubereitungen dünstet man gewürfelte Zwiebeln in heißem Fett glasig. Zu Salaten wird sie meist roh und feingewiegt verwendet.

Verwendung: Alle herzhaften Gerichte aus Fleisch, Geflügel, Fisch, Wild, Getreide, Gemüse, Käse, Quark, Suppen, Saucen, Dressings, Dips und Gewürzessig erhalten durch Zugabe von Zwiebel einen vollmundigeren Geschmack. Eine Grundzutat sind sie zu Zwiebelsuppe, Zwiebelkuchen und Zwiebelbrot.

Gesundheitswert: Antibakteriell, entzündungshemmend, gallentreibend, verdauungsfördernd, harntreibend, abführend, narbenbildend. Zwiebeln senken hohen Blutdruck, sind herzstärkend, lindern Husten und sind wichtige Vitamin-C-Spender.

Blüten

Beifuß

Artemisia vulgaris
Familie: Compositae
Besenkraut, Gänsekraut, Geißbart, Gemeiner Beifuß, Sonnenwendkraut, Wilder Wermut

Aussehen und Herkunft: Das natürliche Verbreitungsgebiet des Korbblütlers Beifuß sind die Kontinente der nördlichen Erdhalbkugel. Dort besiedelt er wildwachsend Wegraine, Heckenstreifen, Schuttplätze und ist allgemein bekannt, wie seine Bezeichnung »vulgaris« andeutet. Seine 50 bis 150 cm hohen, verzweigten Stängel sind manchmal rötlich überlaufen und mit fiederteiligen, unterseits weißfilzigen Blättern und von Juli bis September mit Rispen gelbbrauner kleiner Körbchenblüten besetzt. Er ist mit dem Wermut und der Eberraute verwandt.
Kultur: In Frankreich, Russland, auf dem Balkan und auch bei uns wird er in Feldkulturen angebaut. Im Küchengarten genügen ein bis zwei Stauden. Beifuß liebt sonnige Standorte und nährstoffreichen Boden.
Inhaltsstoffe: Ätherisches Öl mit Cineol als Hauptbestandteil und etwas Thujon, Gerbstoffe, Harz, Inulin.
Gewürz: Als Würze nutzt man frische oder getrocknete Blütenrispen mit noch geschlossenen Knospen ohne die bitteren Blätter. Rechtzeitig geerntet, ist Beifuß angenehm würzig und kaum bitter. Sobald die Körbchen zu blühen beginnen, steigt der Bitterstoffgehalt der Pflanze und macht den Beifuß für die Küche unbrauchbar.
Verarbeitung: Beifuß wird mitgekocht, am besten in Form der unzerkleinerten Blütenrispen, die man am Ende der Garzeit entfernt.
Konservierung: Beifuß eignet sich vorzüglich zum Trocknen.
Verwendung: Beifuß ist ein traditionelles Gewürz zu Braten von Gans, Ente und Schwein, zu gebratenem Aal, Kalbshaxen, Schweine- und Gänseschmalz, Zwiebelsuppe und Bitterlikören.
Gesundheitswert: Appetitanregend, tonisch, erhöht die Magensaftsekretion, senkt Fieber, lindert Magen- und Darmstörungen, reguliert die Menstruation, ist wurmtreibend. Schwangere Frauen sollten ihn meiden.

Die weite Verbreitung des Beifußes bringt es mit sich, dass seine Pollen eines der häufigsten Allergene unserer Breiten sind und Beifußpflanzen daher nicht uneingeschränkt jedem Gartenbesitzer empfohlen werden können.

Gewürznelke

Syzygium aromaticum, syn. *Caryophyllus aromaticus, Eugenia aromatica, E. caryophyllus, E. caryophyllata, Jambosa caryophyllus*
Familie: Myrtaceae
Nelke

Aussehen und Herkunft: Der tropische immergrüne Gewürznelkenbaum gehört zu den Myrtengewächsen und kann bis zu 10 m hoch werden. Seine Heimat sind die Molukken, doch wird

Wildwachsender Beifuß kann an Wegrändern gesammelt werden.

er heute in vielen Ländern angebaut, wo feuchtheißes tropisches Seeklima und geeignete Bodenverhältnisse gegeben sind, zum Beispiel in ganz Indonesien, Malaysia und Sri Lanka, auf Madagaskar, Réunion, Sansibar und anderen tropischen Inseln. Seine länglich zugespitzten Blätter sind – typisch für Tropengewächse – ledrig und glänzend dunkelgrün, die weißen Blüten an den Triebspitzen in Trauben zusammengefasst. Der gesamte Baum ist von duftendem Nelkenöl durchzogen. In den Blütenknospen ist das Öl am stärksten konzentriert, weshalb sie das Ziel des Anbaus sind. Die Ernte der Blütenstände geschieht in Handarbeit. Anschließend trocknen die Knospen in der Sonne, wobei sie schwarzbraun werden. Aus den Stielen wird Nelkenöl für die Verwendung in der Medizin, Likörindustrie und Parfümerie gewonnen.

Inhaltsstoffe: Bis zu 20 % ätherisches Öl mit Eugenol als Hauptbestandteil, Gerbstoffe.

Gewürz: Getrocknete Nelken guter Qualität sind glatt, fettig und unzerbrochen. Das beste Aroma liefern ganze Nelken, die unmittelbar vor dem Gebrauch im Mörser zerdrückt werden. Sie schmecken scharf-aromatisch. Im Handel sind ganze und gemahlene Nelken. Nelkenpulver ist Bestandteil zahlreicher Gewürzmischungen für Fleischspeisen, Pasteten, Würste, Obstkompotte und Gebäck.

Verarbeitung: Ganze Nelken mitkochen und vor dem Anrichten entfernen. Zwiebeln für Bratensaucen spickt

Fruchtende weibliche Hopfenpflanzen begrünen Lauben und Pergolen.

man gern mit einer Nelke. Nelkenpulver nur kurz miterhitzen.

Verwendung: Nelken als zweiwertiges Gewürz verfeinern Bratenfleisch, Ragouts, Pasteten, Wild, Fischmarinaden, Currygerichte, Rotkohl, Relishes und Chutneys, Kompotte, Obstkonserven, Rumtopf, Gewürzkuchen, Weihnachtsplätzchen, Lebkuchen, Glühwein und Punsch, Liköre und Würzsaucen.

Gesundheitswert: Desinfizierend, antiseptisch, beruhigend, verdauungsfördernd, fungizid, antiviral und atemerfrischend. Die desinfizierende und leicht lokal betäubende Wirkung von Nelkenöl macht man sich besonders in der Zahnheilkunde zunutze.

Hopfen

Humulus lupulus

Familie: Moraceae

Bierhopfen, Gemeiner Hopfen

Aussehen und Herkunft: Diese in Europa heimische, ausdauernde Schlingpflanze kann man gelegentlich wildwachsend an Waldrändern antreffen, wo sie Sträucher überwächst. Ihre 3 bis 7 m langen, rechtswindenden Triebe sind einjährig und sterben mit Beginn der Herbstfröste ab. Im Frühjahr treibt der zweihäusige Hopfen aus dem Wurzelstock jeweils neu aus. Die rauhen Stängel tragen 3- bis 5-lappige, am Rand gezähnte Blätter, die an Weinlaub erinnern. Die männlichen Pflanzen entwickeln Blütenrispen, die weiblichen Pflanzen hängende, zapfenförmige Scheinähren, die sogenannten »Hopfenzapfen« oder »Hopfendolden«. Die Blütezeit erstreckt sich von Juni bis August. Da die Befruchtung der Zapfen ihren Brauwert mindert, entfernt man alle männlichen Pflanzen aus der Umgebung der Hopfenfelder und vermehrt die weiblichen Pflanzen über Stecklinge.

Kultur: Zur Ausbildung eines guten Aromas bei gleichzeitig hohen Erträgen braucht Hopfen ein mildes Klima, genügend Feuchtigkeit und vorzugsweise Mergelböden. Seine deutschen Anbaugebiete liegen daher vor allem in Südbayern (Hallertau) und Württemberg (um Tettnang). Typisch für das Landschaftsbild dieser Gegenden sind die mit meterlangen Stangen systematisch besteckten Felder, an denen sich die Hopfentriebe emporranken.

In Gärtnereien und Gartencentern kann der Interessierte weibliche Hopfenpflanzen – für den Hausgebrauch genügt meist eine – erwerben und an einer geschützten, sonnig-warmen Stelle an einem Gerüst aus 3 bis 4 m langen Stangen oder einer Pergola ziehen.

Inhaltsstoffe: Die Zapfen enthalten im harzigen Drüsensekret Lupulin die Hopfenbittersäuren Humulon und Lupulon, ätherisches Öl mit Myrcen, Gerbstoff und Cholin.

Gewürz: Der Geschmack der etwa 3 cm langen, grüngelben Hopfenzapfen ist würzig-bitter. Man erntet sie Ende August bis Anfang September. Fast die gesamte Ernte geht in die Bierproduktion. Getrocknete Hopfenzapfen sind in Apotheken erhältlich. Für industrielle Zwecke bereitet man die Zapfen zu Rohhopfen, Hopfenextrakt und Hopfenpulver auf.

Verwendung: Hopfen verbessert die Haltbarkeit und Schaumbildung des Bieres und verleiht ihm ein bitter-herbes Aroma. In kleinen Anteilen setzt man Hopfen schlaffördernden Tees und Kräuterbittern zu. Die frischen Hopfensprossen können als Gemüse zubereitet werden.

Gesundheitswert: Beruhigend, verdauungsfördernd, appetitanregend.

Kaper
Capparis spinosa
Familie: Capparaceae

Aussehen und Herkunft: Der bedornte Kapernstrauch wird bis zu 1,2 m hoch und besiedelt wildwachsend und

Kapern sind die Blütenknospen des mediterranen Kapernstrauches.

in Kulturen alle Länder rund um das Mittelmeer. Er hat derbe runde Blätter, große, an Wildrosenblüten erinnernde, weißrosafarbene Blüten mit vier Kronblättern und auffällig langen Staubblättern und kann mehrere Jahrzehnte alt werden. Im Mittelmeerraum sind Kapern schon seit Jahrtausenden als Gewürz in Gebrauch.

Inhaltsstoffe: Capprinsäure, Gerbstoffe.

Gewürz: Die geschlossenen, runden bis ovalen, olivgrünen Blütenknospen werden den Sommer über täglich von Hand geerntet und nach Größen sortiert. Man lässt sie welken und legt sie anschließend in stark gesalzenen Essig, Öl oder – für den Export – in Salzlake ein, wodurch sich das herbwürzige, etwas scharfe Aroma erst voll entwickelt. Als beste Sorte gelten die kleinen französischen »Nonpareilles«, die vornehmlich im eigenen Land verbraucht werden. Je größer die Kapern, desto geringer wird ihre Qualität eingeschätzt. Die bei uns käuflichen Kapern

stammen überwiegend aus Marokko und Spanien. Nach dem Abspülen der Salzlake kommen sie mit einer Essiglösung versehen in den Handel.
Verarbeitung: Gehackte Kapern sind eine Würzzutat zu gekochten und ungekochten Saucen. Sie dürfen nicht gekocht werden, sondern in der fertigen heißen Sauce nur kurz ziehen. Zur Garnierung bestimmte Kapern lässt man abtropfen oder spült sie kurz mit kaltem Wasser ab, um den vorschmeckenden Essig zu entfernen.
Verwendung: In Kapernsauce zu Fleisch-, Fisch- und Eiergerichten, zur französischen Olivenpaste »Tapenade« ebenso wie zu Königsberger Klopsen, Frikassee, Tatar, Salaten, Pizza, Käse (insbesondere Ziegen- und Schafkäse), Dressings, Dips, Mayonnaisen, Kräuterbutter und zur Garnierung kalter Platten.
Gesundheitswert: Appetitanregend, verdauungsfördernd, tonisch.

Safran

Crocus sativus
Familie: Iridaceae
Gewürzsafran, Krokus, Safrankrokus

Aussehen und Herkunft: Violettblühende Safranfelder vor den Bergen des Hindukusch mit buntgekleideten jungen Frauen und Mädchen darauf gehören sicher zu den schönsten Reiseerlebnissen. Der Herbstblüher Safran (Blütezeit September bis November) liefert das teuerste aller Gewürze. Im Wuchs ähnelt er unserem Frühlingskrokus; seine Heimat wird im Vorderen Orient vermutet. Von dort aus erstrecken sich auch heute noch seine Kultivierungsgebiete über den Iran, das nördliche Westpakistan bis nach China.
Inhaltsstoffe: Ätherisches Öl mit Safranal, Crocin (gelber Farbstoff), Bitterstoff Picrocrocin.
Gewürz: Die dreigeteilten, rötlichen Blütennarben sind Gewürz und Farbstoff zugleich. Sie werden auf den Safranfeldern von Hand geerntet und anschließend getrocknet. Etwa 100 000 bis 140 000 trockene Narben ergeben 1 kg Safran, wodurch sich sein hoher Preis erklärt. Sein Aroma ist bitterlichwürzig und erinnert an Medizin. Schon kleine Mengen Safran färben Speisen appetitlich gelb. Im Handel sind sowohl unzerkleinerte Narben, sogenannte Safranfäden, als auch das zinnoberrote Pulver daraus.
Verarbeitung: Safranfäden der besseren Aromaausbeute wegen pulverisieren. Das Pulver kurz mitkochen. Als Färbemittel für Kuchen in Milch oder Wasser lösen. Das Gewürz wegen der Bitterstoffe nicht zu reichlich dosieren.
Verwendung: Safran ist Würz- und Färbemittel für Reispilaws, Risottos, Fischsuppen (beispielsweise die französische Bouillabaisse), knoblauchwürzige Saucen zu Fisch und Schalentieren, helle Saucen zu Geflügelgerichten, spanische Paella, Kuchen, süße Gebäcke, Aufläufe und Liköre.
Gesundheitswert: Tonisch, beruhigend und schlaffördernd, vitalisiert die Sexualorgane, in hoher Dosis abortiv. Im Mittleren Osten dient Safran Frauen als nachgeburtliches uteruskontrahierendes Aufbaumittel. Volkskundlich im Westen wie im Orient gilt Safran als Aphrodisiakum.

Früchte und Samen

Ajwain, Ajowan

Trachyspermum ammi
Familie: Umbelliferae

Aussehen und Herkunft: Der Ajwain oder Ajowan gehört zu den Doldenblütlern und wird hauptsächlich in Indien und im Vorderen und Mittleren Osten angebaut. Aus den weißen Blüten dieser Wildsellerieart entstehen 3 bis 4 mm lange, herzförmige, hellgraubraune Samen. Mit einem Vergrößerungsglas erkennt man ihre gerillte, cremefarben und mittel- bis dunkelbraun gestreifte Oberfläche (siehe Seite 63).
Inhaltsstoffe: Ätherisches Öl mit Thymol und Thymiankampfer.
Gewürz: Die reifen Samen schmecken intensiv brennend-thymianartig. Man erhält sie abgepackt in indischen oder asiatischen Lebensmittelgeschäften.
Verarbeitung: Das Gewürz wegen des intensiven Aromas sparsam dosieren.
Verwendung: Ajwain würzt gekochte (Pilaws) und gebackene (Snacks) Getreidespeisen, Gemüse- und Hülsenfruchtgerichte, Fleisch, Fisch und Suppen. Besonders die Inder lieben ihn. Industriell gewinnt man Thymol aus den Samen.
Gesundheitswert: Ajwainsamen sind ein wichtiges Heilmittel des Ayurveda (indische Volksheilkunde). Sie wirken desinfizierend, appetitanregend, verdauungsregulierend und unterstützen die Leberfunktion, besonders nach Alkoholgenuss.

Anis

Pimpinella anisum,
syn. *Anisum vulgare*
Familie: Umbelliferae
Brotsamen, Runder Fenchel, Süßer Kümmel

Aussehen und Herkunft: Die Heimat des einjährigen, 50 bis 70 cm hohen Anis ist der östliche Mittelmeerraum. Wie auch bei anderen Doldenblütlern, zum Beispiel dem Koriander, sind die unteren Blätter lediglich an den Rändern gezähnt, während sie sich gegen die Triebspitzen hin zu feingliedrigen Fiederblättchen entwickeln. Die weißen Blütendolden von Juli bis August bilden im Laufe des Sommers gelb- oder graugrüne Spaltfrüchte aus.
Kultur: Obwohl Anis auch bei uns wächst, liegen seine Hauptanbaugebiete in zuverlässig warmen Regionen wie dem Mittelmeerraum, dem Vorderen Orient oder Mittel- und Südamerika, da dort die Ausreifung der Samen gesichert ist.
Inhaltsstoffe: Ätherisches Öl mit bis zu 90 % trans-Anethol, Methylchavicol, Anissäure, Zucker, fettes Öl.
Gewürz: Das Aroma der ausgereiften, 2 bis 3 mm langen Spaltfrüchte ist süßwürzig mit leichter Schärfe.
Verarbeitung: Die Früchte geben ihr Aroma besser in gequetschter oder gemahlener Form ab.
Verwendung: Anis ist ein typisches Süßspeisengewürz für Plätzchen, süßes Hefegebäck, süße Aufläufe, Obstsalate und -kompotte, Salat aus gekochten süßen Wurzelgemüsen (Rote Bete, Möhre, Pastinake,

Anisschnaps ist eine wohlschmeckende Verdauungshilfe.

Schwarzwurzel) und Anisliköre, in Süddeutschland und Österreich auch ein beliebtes Roggenbrotgewürz.
Gesundheitswert: Lindert Krämpfe der Verdauungsorgane, schleimlösendes Hustenmittel, milchbildend, windtreibend, zur Atemhygiene.

Anispfeffer

Zantoxylum piperitum
Familie: Rutaceae
Sichuan-Pfeffer, China-Pfeffer

Aussehen und Herkunft: Der Anispfeffer ist ein in Nordchina, Japan und Korea vorkommender, 1,5 bis 2 m hoher Strauch, der wegen seines gelben Holzes auch Pfeffergelbholz genannt wird. Seine bedornten Zweige tragen eschenartig gefiederte, glänzend-ledrige Blätter und hellpupurfarbene Blütendolden in den Blattachseln, aus denen sich rötliche, runde Fruchtkapseln mit je einem schwarzen glänzenden Samen entwickeln.
Inhaltsstoffe: 2 bis 4 % ätherisches Öl mit Sanshol, Phellandren, Citronellol, Limonen und Geraniol.
Gewürz: Die getrockneten, rotbraunen, 4 mm großen Samenschalen duften wie ein Gemisch aus Piment und einem kleinwenig Lavendel und schmecken bitterlich-scharf. In asiatischen Spezialitätenläden verkauft man sie unter der Bezeichnung »Sichuan-Pfeffer« unzerkleinert oder als Bestandteil des chinesischen »Fünf-Gewürzes«, einer Pulvermischung aus Zimt, Fenchel, Sternanis, Nelken und Sichuan-Pfeffer.
Verarbeitung: Die Körner in einer trockenen Pfanne bei mittlerer Hitze unter Rühren erhitzen, bis sie zu duf-

ten beginnen, auf einem Teller auskühlen lassen, luftdicht verschließen und bei Bedarf in einer Pfeffermühle mahlen.
Verwendung: In Form des chinesischen Fünf-Gewürzes zusammen mit Sojasauce für Schmorgerichte der chinesischen Küche aus Fleisch, Geflügel und Tofu, für Marinaden, als Fischgewürz und Gewürzsalz.
Sichuan-Pfeffer kann, etwas geringer dosiert, durch schwarzen Pfeffer ersetzt werden.
Gesundheitswert: Appetitanregend, magenwirksam, harn- und windtreibend, stimulierend, verdauungsfördernd. In der chinesischen und ayurvedischen Heilkunde werden Samen und Rinde zur Unterstützung der Verdauung und zur Behandlung von Rheuma und Arthritis genutzt, sowie gegen Darmparasiten, Hefepilzinfektionen und Hauterkrankungen.

Chili

Capsicum frutescens
Familie: Solanaceae
Cayennepfeffer, Chillies,
Spanischer Pfeffer, Teufelspfeffer

Aussehen und Herkunft: Der ausdauernde, verholzende Chilistrauch stammt aus dem volltropischen Amazonasgebiet. In den amerikanischen Tropen gibt es infolge jahrhundertelanger Züchtung Dutzende verschiedener Chilisorten mit unterschiedlichem Aroma und Schärfegrad der Beerenfrüchte. Wie der mit ihm verwandte Paprika, die Tomate, die Kartoffel und der Tabak gehört Chili zur Familie der Nachtschattengewächse. Er hat lanzettliche Blätter und fünfzipfelige weiße Blüten und wird in Kulturen 1 m, wildwachsend bis zu 2 m hoch. Im Gegensatz zu den hängenden, schweren Früchten von Tomate, Kartoffel und Paprika recken sich die leichten, kleinen Früchte der 1 bis 10 cm langen Chilibeeren dem Licht entgegen, deren Größe im wesentlichen von der Sorte abhängt. Je nach Zuchtsorte bezeichnet man sie als Chillies, Chilipfeffer, Piri-Piris, Peperonis und dergleichen.
Kultur: Chili wird heute in vielen Tropenländern in Feldkultur angebaut. Indien und Thailand produzieren die größten Chilimengen. Bei uns kann die Pflanze ähnlich den Tomaten einjährig aus Samen gezogen werden.
Inhaltsstoffe: Die Früchte enthalten das scharfe Alkaloid Capsaicin, Carotinoide (roter Farbstoff), Flavonoide und Vitamin C.
Gewürz: Verwendet werden die milderen, unreifen, sogenannten Schoten, überwiegend jedoch die reifen, die brennend scharf sind. Sie können grün (unreif), gelb, rot oder bräunlich sein. In den Anbauländern vorwiegend frisch verwendet, sind bei uns hauptsächlich Chilipulver, sogenannter »Cayennepfeffer« aus getrockneten roten Früchten (»Chillies«), ganzfrüchtig getrocknete Chillies, eingelegte Chillies, feurige Chiliwürzsaucen (zum Beispiel Tabasco und mittelamerikanische Salsa) und die indonesische Chilipaste »Sambal oelek« erhältlich. Spezialitätengeschäfte für asiatische, türkische und arabische Lebensmittel führen darüber hinaus auch scharfe

thailändische Currypasten, chiligewürzte Fischsaucen, indonesisches »Sambal manis« und nordafrikanisches »Harissa«, ebenfalls eine scharfe Würzpaste. In gutsortierten Gemüseläden kann man inzwischen Sträußchen frischer Chillies bekommen.

Verarbeitung: Chilibeeren enthalten zwanzigmal mehr Capsaicin als der süße Gemüsepaprika und können auf der Haut und vor allem auf den Schleimhäuten zu Hautreizungen führen. Die erwärmende Wirkung von Capsaicin ist noch in Verdünnungen von 1 : 100 000 spürbar. Am besten schneidet man sie mit einem breiten chinesischen Hackmesser oder zieht Gummihandschuhe an, um den Kontakt der Früchte mit der Haut zu verhindern. Man dreht den Stiel der Schoten ab und schneidet sie erst längs, dann quer in die gewünschte Größe. Für Pasten oder Saucen püriert man sie im Mixer oder Mörser. Ob die enthaltenen Samen, der schärfste Teil der Frucht, mitverwendet werden sollen, ist eine Geschmacksfrage, die sich nach dem individuellen Belieben oder auch nach dem Verwendungszweck richtet. Für kommerzielle und hausgemachte Chiliwürzsaucen, Sambals oder Pulver werden die Samen zweckmäßigerweise mitverwendet, weil es hierbei vor allem um die Konservierung der Schärfe und ökonomische Verwertung der Würzsubstanz geht. Diese Zubereitungen sind in der Regel unbegrenzt haltbar, gegebenenfalls auch ohne Kochen, da sie durch den Scharfstoff und eventuelle Essig- und Salzzugaben zusätzlich konserviert werden. Gehackte rohe oder getrocknete Chillies zu Fleisch und Salaten dagegen verwendet man ohne Samen. Überwiegend werden sie aber mit den Speisen zusammen gekocht. Salaten, den jeweils frisch zubereiteten Würzpasten Mittelamerikas, Südostasiens und Arabiens und indischen Chutneys aus rohen Früchten oder Gemüsen jedoch wird Chili auch roh als Frischgewürz mehr oder weniger reichlich zugesetzt.

Konservierung: Trocknen, Verarbeitung zu Würzpasten (mit Salz und Gewürzen), Chilisaucen (mit Essig, Salz und Gewürzen) und Chiliöl.

Verwendung: Aus Amerika stammend, war Chili noch vor wenigen Jahrzehnten ein typisches Gewürz der lateinamerikanischen Küche, wo er unter anderem zusammen mit Kreuzkümmel, Knoblauch und Oregano die Würze für »chili con carne« bildet. Heute ist er in allen Küchen der Tropen eines der meistgebrauchten Gewürze, da er wegen des relativ einfachen Anbaus dort das billigste Gewürz ist. Er gilt aus diesem Grund auch als »Pfeffer des armen Mannes«, was seiner Beliebtheit jedoch keinen Abbruch tut. In vielen lateinamerikanischen und südostasiatischen Ländern sind Chilisaucen und -pasten übliche Tischgewürze.

Chili passt zu allen Speisen, die Schärfe benötigen, wie Fleisch- und Fischgerichte, Suppen, Saucen, gehaltvolle Salate, Käse, Eier- und Gemüsespeisen und ist als Pulver in vielen Fleisch- und Fischgewürzmischungen, besonders Currymischun-

gen enthalten. Man dosiert Chilipulver und flüssige und pastöse Chiliwürzen messerspitzen- und tropfenweise, bis der gewünschte Schärfegrad erreicht ist. Wer Chili einmal gewohnt ist, wird kaum ohne ihn auskommen, denn kein anderes Gewürz kann seine Schärfe ersetzen.
Gesundheitswert: Verdauungsfördernd und kreislaufanregend, Vitamin-C-Spender, desinfizierend; regelmäßiger Genuss schützt vor Magengeschwüren. Magenempfindliche vertragen Chili erstaunlicherweise besser als weißen oder gar schwarzen Pfeffer, vorausgesetzt, man beginnt mit sehr kleinen Mengen.

Fenchel

Foeniculum vulgare,
syn. *F. officinale*
Familie: Umbelliferae
Brotanis, Brotsamen, Frauenfenchel, Kinderfenchel, Langer Anis

Aussehen und Herkunft: Der ausdauernde, in verschiedenen Varietäten vorkommende Gewürzfenchel (*F. vulgare* var. *dulce*) stammt aus dem Mittelmeergebiet. Mit seinen fadenförmigen Blättern und gelben Blütendolden von Juni bis August wirkt er wie der größere Bruder des Dills, denn er wird 80 bis 200 cm hoch. Seine 4 mm breiten, gerippten Früchte sind 6 bis 10 mm lang.
Kultur: In Kulturen wird der Gewürzfenchel zweijährig an sonnig-warmen Standorten angebaut. Vermehrt wird über Aussaat, an günstigen Stellen sät er sich selbst aus. Ein Verwandter ist der Gemüsefenchel (*F. vulgare* var. *azoricum*), dessen Stängelknolle zu Gemüse verarbeitet wird.
Inhaltsstoffe: Ätherisches Öl mit den Hauptbestandteilen Anethol und Fenchon, Zucker, fettes Öl (Samen).
Gewürz: Die Blättchen und Spaltfrüchte sind beide sowohl in frischer als auch in getrockneter Form als Gewürz nutzbar. Ihr Aroma ist süßlich-scharf und schwach bitter, anisähnlich mit lakritzartigem Unterton. Fenchelsamen kauft man am besten unzerkleinert in Apotheken und Kräuterläden. Er ist Bestandteil von Teemischungen und auch des Madras-Currypulvers. Die getrockneten Blätter sind in manchen Fischkräutermischungen enthalten.
Verarbeitung: Fenchelsamen erst unmittelbar vor der Verwendung zerquetschen oder mahlen, da sich das Aroma bei Lagerung von Pulver oder Schrot leicht verliert. Die Blätter wie Dill gehackt verwenden.
Konservierung: Trocknen (Blätter wie Samen).
Verwendung: Die Blätter würzen gedünsteten Fisch, Fischmarinaden, Salate, Kräuteressig und Spezialitäten der italienischen Küche. Mit den Samen würzt man süßes Hefegebäck, Roggenmischbrot, Salate aus Wurzelgemüsen, Gurken, Kohl, Sauerkonserven, Gemüserelishes und Liköre. Bei Kindern beliebt sind Fencheltee und Fenchelhonig.
Gesundheitswert: Appetitanregend, magenstärkend, harntreibend, wundheilend, lindert Krämpfe der Verdauungsorgane, bekämpft Husten (Fenchelhonig), ist milchbildend und tonisch, erfrischt den Atem.

Kakao
Theobroma cacao
Familie: Sterculiaceae

Aussehen und Herkunft: Kakao war schon in seiner tropisch-feuchtheißen Heimat, vermutlich am oberen Amazonas, der Ausgangsstoff für den scharf mit Chillies und Piment gewürzten, keineswegs süßen Aztekentrank »xocoatl«, zu deutsch »würziges Wasser«. Sein Rohstofflieferant, der immergrüne Kakaobaum, kann wildwachsend bis 12 m Höhe erreichen, wird aber in Plantagen zur Ernteerleichterung 5 bis 6 m hoch gehalten. Seit langem baut man ihn auch im tropischen Westafrika und Asien an, hauptsächlich für Exportzwecke.

Der Kakaobaum ist wie auch der in Afrika heimische Kolabaum stammblütig und schattenbedürftig. Seine 1 cm kleinen Blütensterne mit den fünf rosafarbenen Kronblättern und die daraus entstehenden 15 bis 25 cm langen, an Gurken erinnernden Beerenfrüchte wachsen am älteren Holz, während die jungen Zweige die bis 30 cm langen, lanzettlichen, glänzend dunkelgrünen Blätter tragen. Reife Kakaofrüchte sind korallenrot und enthalten in ihrem säuerlichen Fruchtmus 25 bis 50 etwa 1 cm breite und 2 cm lange rundliche, rosafarbene Samen, die sogenannten Kakaobohnen. Die Ernte erfolgt zweimal jährlich und erbringt pro Baum und Jahr 1 bis 2 kg Kakaosamen, beziehungsweise 200 bis 500 kg trockene Bohnen pro Hektar und Jahr. Die Vermehrung der Kakaobäume geschieht sowohl über Aussaat als auch vegetativ.

Inhaltsstoffe: Die Samen enthalten etwa 50 % Fett (Kakaobutter), 15 % Eiweiß, 8 bis 10 % Stärke, 0,3 % Zucker, Gerb- und Bitterstoffe und das in der Samenhaut enthaltene Alkaloid Theobromin.
Gewürz: Gewürz und Nährmittel zugleich sind die Samen, die vom Fruchtfleisch befreit, zur Gerbstoffreduzierung und Aromabildung einige Tage fermentiert und anschließend getrocknet werden. Sie färben sich dabei infolge Oxidation schokoladenbraun und werden in dieser Form exportiert. Nach dem Rösten bricht man die Bohnen, entfernt die Schalen und presst die cremefarbene Kakaobutter nach dem Mahlen der Samen etwa zur Hälfte ab. Sie dient als Ausgangsstoff für die Schokoladenherstellung, Parfümerie, Seifenproduktion und pharmazeutische Produkte. Den zurückbleibenden Kakaokuchen mahlt man zu Kakaopulver, das ebenfalls zur Herstellung von Schokolade und anderen Süßspeisen verwendet wird. Kakao hat neben dem bekannten Schokoladenduft einen fettigen, herbbitteren Geschmack.
Verarbeitung: Schokolade für Glasuren immer im warmen Wasserbad verflüssigen, denn sie brennt leicht an.
Verwendung: Im Haushalt nutzt man Kakaopulver zur Bereitung von Trinkschokolade, Kuchen, Puddings und Glasuren. Eine Messerspitze Kakaopulver setzt man gerne dem Kaffepulver vor dem Aufbrühen zu. In Mittelamerika und Spanien würzt man auch Fleischspeisen mit Kakaopulver.
Gesundheitswert: Theobromin erregt ähnlich dem Coffein und Teein das

Die gurkenförmigen Kakaobeeren wachsen am älteren Holz.

Zentralnervensystem und wirkt harntreibend. Schokoladenprodukte sind als milde Muntermacher bekannt und wegen der meist enthaltenen Fett- und Zuckerbeimischungen sehr kalorienreich und nahrhaft.

Kardamom

Elettaria cardamomum, syn. *Amomum cardamomum*
Familie: Zingiberaceae

Aussehen und Herkunft: Die Malabarkardamome, eine ausdauernde tropische Dschungelpflanze aus der Familie der Ingwergewächse, hat ihre Heimat in Sri Lanka (Ceylon) und dem südindischen Malabar. Heute wird Kardamom auch viel in den amerikanischen Tropen angebaut. Seine bis 3 m hohen, schilfähnlichen, beblätterten Stängel entspringen einem knolligen Rhizom. Die blassgrünen Blüten wachsen an kriechenden, bis 60 cm langen Blütensprossen. Die grünen, 15 mm langen, dreikantigen Samenkapseln erinnern an Bucheckern. Man erntet sie turnusmäßig das ganze Jahr über kurz vor der Reife, damit sie nicht aufspringen und die Samen verlieren. Nach Safran ist Kardamom eines der teuersten Gewürze.
Inhaltsstoffe: Die Samen enthalten 8 % ätherisches Öl mit α-Terpinylacetat, Cineol und anderen Terpenen.
Gewürz: Die getrockneten Samen kauft man am besten in den grünen oder weißen (gebleichten) Kapseln, da sich gemahlen das intensive Aroma leicht verliert. Die Samen sollten

Die grünen Kardamomfruchtkapseln umschließen schwarzbraune Samen.

schwarzbraun ausgereift sein, süßlich-scharf und schwach bitter mit einem Aroma ähnlich dem eines Gemisches von scharfem Eukalyptus- und einer winzigen Spur bitteren Teebaumöls. Unreife hellere Samen besitzen nicht das volle Aroma. Im Handel sind grüne und weiße Samenkapseln und Samenpulver, letzteres auch als Bestandteil von Gewürzmischungen für pikante und süße Speisen.
Verarbeitung: Die Samen aus den Kapseln entnehmen und je nach Verwendungszweck ganz lassen oder pulverisieren. Die Kapseln haben kaum Würzkraft und werden nicht verwendet.

Verwendung: Kardamom ist in zahlreichen traditionellen Gewürzmischungen enthalten, unter anderem solchen für Curry, Pasteten und Würste, Weihnachtsplätzchen und Lebkuchen. Unentbehrlich ist er zu Pilaws, Fischmarinaden und Pickles. Ebenfalls köstlich ist Kardamom zu Obstsalaten, Kompotten aus tropischen Früchten, Gewürztees und Likören. Dem Kaffee nach arabischer Art zugesetzt, soll Kardamom das Coffein entgiften.
Gesundheitswert: Lindert nervöse Verdauungsstörungen, stimuliert die Magensaftsekretion, erfrischt den Atem und verschönt die Stimme.

Koriander

Coriandrum sativum
Familie: Umbelliferae
Cilantro, Chinesische Petersilie, Wanzenkraut

Aussehen und Herkunft: Der bis 60 cm hohe, einjährige Koriander stammt aus dem östlichen Mittelmeerraum. Charakteristisch für die Pflanze sind die in Bodennähe gelappten, im Mittelteil gefiederten und nahe den Blütenständen dillähnlich geschlitzten, filigranen Blätter. Ihr eigentümlicher Geruch soll dem der Wanzen ähneln, weshalb der Koriander im Volksmund auch manchmal »Wanzenkraut« heißt. Aus den weißlich-rosafarbenen Doldenblüten, die von Juli bis August erscheinen, entstehen 2 bis 5 mm große, runde, hellbraune Spaltfrüchte, die auf leichten Druck hin in zwei Samen zerfallen. Sie haben ein ganz anderes Aroma als das frische Kraut.

Das Aroma der Korianderblätter und -samen ist grundverschieden.

Inhaltsstoffe: Die Samen enthalten ätherisches Öl mit Linalool und anderen Monoterpenen, Cumarinderivate, fettes Öl (Samen), Gerbstoffe.
Gewürz: In Europa und im Orient sind die mildwürzigen Samen ein traditionelles Gewürz. In Fernen Osten und Mittelamerika gebraucht man auch das herb-scharfe frische Kraut wie bei uns die Petersilie. Auf dem Markt ist Koriander als ganze und gemahlene Samen und auch als Topfpflanze erhältlich. Kleinere Samen haben ein intensiveres Aroma als größere. Koriandersamen und Samenpulver ist in zahlreichen Gewürzmischungen für Fleischgerichte, in Currypulver, Einlege-, Brot- und Lebkuchengewürz enthalten.
Verarbeitung: Samen am besten unzerkleinert kaufen und portionsweise vor der Verwendung schroten oder mahlen, da das Aroma von Pulver und Schrot rasch nachlässt. Blätter wie Petersilie hacken oder wiegen. Erntet man selber, schneidet man die Samenstände ab, wenn die Körner braun sind und nicht mehr so unangenehm riechen.
Verwendung: Die ganzen Samen eignen sich zu eingelegten Gemüsen und Fischmarinaden, Samenschrot und -pulver meist gemischt mit anderen Gewürzen zu Würsten, pikantem Gebäck, Pasteten und Füllseln, Lebkuchen und Spekulatius. In indischen Currygerichten und indonesischen Speisen ist Koriander das verbindende und mildernde Element für den Reigen der scharfen und intensiv aromatischen Begleitgewürze.

Zahlreiche Gerichte der chinesischen, indischen, arabischen und mittelamerikanischen Küche verlangen nach dem frischen Korianderkraut, zum Beispiel Currys, Chutneys und scharfe Salsas, häufig in Verbindung

mit grünem Chili, Kreuzkümmel und Knoblauch.
Gesundheitswert: Appetitanregend, entzündungshemmend, lindert Blähungen und Krämpfe der Verdauungsorgane, stimulierend, nervenstärkend.

Kreuzkümmel

Cuminum cyminum,
syn. *C. odorum*
Familie: Umbelliferae
Cumin, Römischer Kümmel

Kümmel (oben links), Kreuzkümmel (oben rechts) und Schwarzkümmel (unten).

Aussehen und Herkunft: Der Kreuzkümmel ist ein einjähriges, bis 30 cm hohes Kraut aus dem Vorderen Orient. Seine gefiederten Blätter und weißen Blütendolden ähneln denen des Kümmels (*Carum carvi*). Die 5 mm langen, sichelförmigen Kreuzkümmelfrüchte sind in Form und Größe denen des Kümmels zum Verwechseln ähnlich, weichen jedoch in der Farbe ab. Die Früchte des gewöhnlichen Kreuzkümmels (Cumin) sind eine Schattierung heller als Kümmelsamen, die des schwarzen Kreuzkümmels dunkel kaffeebraun. Kreuzkümmel wird vom Mittelmeerraum bis nach Indien und China und in Mittelamerika angebaut, schwarzer Kreuzkümmel hauptsächlich in Westpakistan. Wenn gelegentlich in südostorientalischen Kochrezepten Kümmel als Gewürz genannt wird, so ist gewöhnlich Cumin damit gemeint, denn Kümmel ist als Gewächs kühlgemäßigter Zonen in den Subtropen und Tropen nicht im Gebrauch.
Inhaltsstoffe: Die Samen enthalten ätherisches Öl mit dem Hauptbestandteil Cuminaldehyd, Cuminalkohol, Myrcen, Limonen, Bitterstoff, Mineralstoffe (vor allem schwarzer Kreuzkümmel), fettes Öl.
Gewürz: Das Aroma der Früchte ist angenehm würzig, süßlich-scharf und schwach bitter. Schwarzer Kreuzkümmel schmeckt mineralisch-erdiger, doch weniger bitter als Cumin. Orientalische Spezialitätengeschäfte führen sowohl ganze Samen als auch das Pulver. Schwach gerösteter Cumin ist maßgeblicher Bestandteil aller Currypulver, der indischen ganzsamigen Gemüsegewürzmischung »Panch Puren« (»Fünf-Gewürze«), sowie orientalischer, mittel- und nordamerikanischer Fleischgewürzmischungen.
Verarbeitung: Richtige Dosierung ist wichtig, da das Gewürz leicht vorschmeckt.
Verwendung: Vor allem exotisch-würzige Gerichte der indonesischen, indischen, nordafrikanischen und mittelamerikanischen Küche kommen kaum

ohne Kreuzkümmel aus. Currys, Schmorfleisch, Lamm und besonders Geflügel, Hülsenfrüchte, exotische Chutneys und Relishes, Joghurtspeisen nach orientalischer Art, Käse nach nordamerikanischer und holländischer Art, mexikanisches Chili con carne, Chili- und Tomatenwürzsaucen und -pasten sowie würzige Dips zu Grillfleisch verlangen nach Kreuzkümmel, überwiegend Cumin, meist in Kombination mit anderen intensiven Gewürzen, wie Chili, Knoblauch, Korianderblättern und dergleichen.
Gesundheitswert: Appetitanregend, tonisch, blutreinigend, beruhigend, windtreibend.

Kümmel

Carum carvi
Familie: Umbelliferae
Echter Kümmel, Feldkümmel, Kümmich, Wiesenkümmel

Aussehen und Herkunft: Nord- und Mitteleuropa sind die Heimat des zweijährigen, bis 1,20 m hohen Kümmels, wo er auf Wiesen bis in 2200 m Höhe anzutreffen ist. Während er im ersten Vegetationsjahr mit doppelt fiederteiligen Blättern besetzte Stängel ausbildet, erscheinen erst im zweiten Jahr von Mai bis Juni die rötlichweißen Doldenblüten und begehrten Spaltfrüchte mit ihren 5 mm langen, graubraun gerippten, sichelförmigen Teilfrüchten. Sie werden kurz vor der Reife geerntet, indem das Kraut bei Morgen- oder Abendtau geschnitten, die Samen ausgedroschen und anschließend getrocknet werden.
Inhaltsstoffe: 7 % ätherisches Öl mit 60 bis 80 % Carvon, Limonen und anderen Terpenen, Cumarinderivate, Fettsäuren.
Gewürz: Kümmelsamen besitzen einen beißend-brennenden, herzhaftwürzigen Geschmack. Vorzugsweise kauft man ganze Samen, denn gemahlener Kümmel verliert rasch sein Aroma.

Die frischen Kümmelblätter dagegen schmecken mildaromatisch und können wie andere Frischkräuter verwendet werden.
Verwendung: Die Früchte sind das typische Gewürz herzhaft-deftiger Speisen der Hausmannskost wie Schweinebraten, Gulasch, Kartoffelsuppe, Irisch Stew, Bratkartoffeln, Weißkohlgemüse und -salat, Sauerkraut, Rote-Bete-Salat, Quark, Käsesalate, Weißer Preßsack, Rohwürste, Bauernbrot, Brötchen und Kümmelschnäpse.

Die frischen Blätter eignen sich zu Suppen, Salaten und Quarkspeisen.
Gesundheitswert: Beseitigt Krämpfe der Verdauungsorgane, windtreibend, regt die Milchsekretion an.

Limette

Citrus aurantiifolia,
syn. *C. lima, C. medica* ssp. *acida*
Familie: Rutaceae
Saure Limette

Aussehen und Herkunft: Der bedornte Limettenstrauch ist ein tropischer Strauch oder Baum, dessen Heimat in Mittel- und Südostasien liegt. Inzwischen kommt das Rautenge-

wächs sowohl kultiviert wie wildwachsend auch im tropischen Amerika vor. Aus kleinen weißen Blüten, die das ganze Jahr über von neuem erscheinen, wachsen zitronenähnliche, doch rundlichere Früchte, deren dünne Schale bei Halbreife grün, bei Vollreife gelb ist. Die samenlose persische Limette erreicht etwa Zitronengröße, während die westindische 4 bis 6 cm lange, samenhaltige Früchte ausbildet.
Kultur: Als tropisches Gehölz ist die Limette, wie alle Zitrus-Arten, bei uns nicht winterhart. Sie ist aber eine dekorative Kübelpflanze für den Wintergarten und kann im Sommer im Freien stehen.
Inhaltsstoffe: Die Früchte enthalten Zitronensäure, ätherisches Öl, Bitterstoffe, Vitamin C.
Gewürz: Vor allem in den tropischen Gebieten Asiens und Amerikas nutzt man den Saft, gelegentlich auch das Fruchtfleisch, vorzugsweise halbreifer Früchte wegen des höheren Säuregehaltes als würzendes Säuerungsmittel für Speisen und Getränke. Der Geschmack ist weniger sauer als der der Zitrone, dafür aromatischer und eine Spur bitter. Die Schale hat keinen Würzwert und wird nicht verwendet. Bei hoher Luftfeuchtigkeit kühl gelagert sind Limetten etwa sechs Wochen haltbar. Sie sind das ganze Jahr über frisch im Handel.
Verwendung: Das Fruchtfleisch verarbeitet man zu rohen Limetten-Chutneys, den Saft zu limonadenartigen Erfrischungsgetränken, Cocktails, Chutneys (zum Beispiel rohes Korianderchutney), Obstdesserts aus säurearmen tropischen Früchten (Papaya, Avocado, Bananen und dergleichen), Salatdressings und gebackenem Fisch.
Gesundheitswert: Erfrischend, antiseptisch, fiebersenkend, blutstillend, Vitamin-C-Spender.

Mohn

Papaver somniferum
Familie: Papaveraceae
Blaumohn, Gartenmohn,
Ölmohn, Schlafmohn

Aussehen und Herkunft: Die ursprünglich im Mittleren Osten beheimateten, blaugrün bereiften Schlafmohnpflanzen sind einjährige Gewächse und werden 30 bis 150 cm hoch. Ihre behaarten Stängel sind versehen mit länglichen, unregelmäßigen, am Rand gezähnten Blättern. Die Blüten mit vier seidig-zarten, violett bis weißgefärbten Kronblättern, die am Grund einen dunklen Fleck aufweisen, erscheinen von Juni bis August. Im Laufe der Reife bilden sich daraus große, grüne, allmählich bräunlich verholzende Samenkapseln. Aus dem getrockneten Milchsaft der grünen Samenkapseln, der etwa 40 Alkaloide enthält, dem Rohopium, erzeugt die pharmazeutische Industrie eine Reihe schmerzstillender Mittel, zum Beispiel Morphin, Codein, Thebain und dergleichen. Auch unreife Samen haben eine narkotisierende Wirkung. Für den Küchengebrauch vorgesehene Samen müssen aus diesem Grund blauschwarz ausreifen, um unschädlich zu werden. Im Orient gibt es auch Sorten mit weiß, grau oder gelb ausreifenden Samen. Der Anbau, auch in kleinsten Mengen, ist bei uns verboten.

Inhaltsstoffe: Die reifen Samen enthalten etwa 40 % fettes Öl mit einem hohen Anteil an ungesättigten Fettsäuren, 20 % Eiweiß, 30 % Wasser, 8 % Kohlenhydrate, und Vitamin E.

Gewürz: Die nierenförmigen, ausgereift alkaloidfreien Samen sind fast geruchlos und schmecken fettig, süßlich-bitterlich. Erst beim Erhitzen entwickelt sich der erwünschte nussartige Geschmack. Seine größte kulinarische Bedeutung hat Mohn in den östlichen Grenzgebieten Deutschlands und Österreichs. Mohn ist in Form von Samen und als gebrauchsfertige Füllmasse im Handel. Eine 250g-Packung Blaumohn enthält etwa eine halbe Million Samenkörner. Mohnöl dient als Speiseöl und als Rohstoff für die Pharmazie. Haushaltswarengeschäfte führen Mohnmühlen für den Hausgebrauch.

Verarbeitung: Für Kuchenbeläge und -füllungen bestimmte Mohnsamen überbrüht man nach dem Mahlen und Zerquetschen in einer Mohnmühle mit kochender Mich, damit sie quellen und zu einer cremigen Konsistenz eindicken. Gemahlener Mohn wird schnell ranzig, deshalb empfiehlt es sich, ihn ungemahlen aufzubewahren.

Verwendung: Mit ganzen Samen als würzender Garnierung bestreut man pikante Gebäckstücke wie Brötchen, Stangen und Cracker. Gemahlener, mit Milch gebrühter Mohn wird mit Zucker, Zitronensaft und Zitronenschale sowie Rosinen zu einer süßen

Nur die reifen Samen des Schlafmohn sind ungiftig.

Füllmasse für Mohnkuchen, Mohnstrudel, mohngefüllte Knödel und süßes Kleingebäck verarbeitet. Im Orient dickt man auch Saucen mit gemahlenen weißen Mohnsamen an.

Gesundheitswert: Schwangeren mit häufigen Mohngelüsten wird von altersher die Geburt eines Jungen prophezeit. Süße Mohnspeisen sind infolge des hohen Fett- und Zuckergehalts ebenso kalorienreich wie köstlich.

Ein karminroter Samenmantel umgibt die Muskatnüsse.

Muskat

Myristica fragrans,
syn. *M. officinalis*
Familie: Myristicaceae
Muskatnuss

Aussehen und Herkunft: Der Muskatnussbaum stammt von den »Gewürzinseln«, den Molukken und Banda-Inseln, und erreicht freiwachsend eine Höhe bis 30 m. In Plantagen hält man ihn maximal 15 m hoch. Der tropische, zweihäusige Baum ist immergrün mit lanzettlichen, ledrigen Blättern und maiglöckchenähnlichen, gelblichen Blüten. Im feuchtheißen Klima der Plantagen baut man ihn unter höheren schattenspendenden Bäumen an, wobei auf 20 bis 30 weibliche ein männlicher Muskatbaum kommt. Die weiblichen Bäume erreichen ab dem 15. Jahr Vollernten von bis zu 2000 Nüssen pro Jahr und Baum für etwa 80 Jahre.

Obwohl der Muskatnussbaum heute in vielen tropischen Ländern – vornehmlich mit Seeklima – angebaut wird, liefern die Molukken nach wie vor die qualitativ besten Muskatgewürze.

Gewürz: Aus den aprikosenähnlichen Balgfrüchten, die zur Reifezeit aufspringen, gewinnt man nach Entfernen des Fruchtfleisches (das unter anderem zu Kompott und Konfitüre verarbeitet wird) zwei Gewürze:

Der gelappte, 3 bis 4 cm lange und 1 mm dicke, karminrote Samenmantel ergibt getrocknet die orangerote, hornartig derbe Muskatblüte oder Macis.

Nach dem Trocknen des Steins entfernt man die holzige Schale und erhält den dunkelbraunen, etwa haselnussgroßen harten Samenkern mit geriffelter Oberfläche, die sogenannte Muskatnuss. Gehandelt werden sowohl naturbraune als auch zum Schutz gegen Ungeziefer weiß gekalkte Muskatnüsse.

Inhaltsstoffe: Die Muskatgewürze enthalten 6 bis 20 % ätherisches Öl mit Pinen, Camphen und anderen Terpenen, Phenole, das Alkaloid Myristicin, 30 % fettes Öl (Muskatbutter), 30 % Stärke.

Macis hat einen höheren Wirkstoffgehalt und ein intensiveres, feineres Aroma als die Muskatnuss und ist daher das begehrtere und entsprechend teurere Gewürz. Muskatnuss ist bitterwürzig mit brennender Schärfe, während der Muskatblüte das Bittere weitgehend fehlt.

Verarbeitung: Muskatblüte lässt sich schwer mahlen und ist daher bei uns als Pulver im Handel. Sie wird für den Haushalt in Aromaschutzpackungen zu 10 g angeboten, wodurch Aromaverluste vor dem Verbrauch weitgehend vermieden werden. Das Aroma der gemahlenen Muskatnuss ist dagegen flüchtiger, weshalb man die Nüsse am besten im Ganzen kauft und bei Bedarf auf einer Muskatreibe die gewünschte Menge abreibt.

Verwendung: Mit Muskatnuss würzt man Fleisch aller Art, Aufläufe, Klöße, Raviolifüllungen, Kartoffelgerichte, weißes Gemüse, Spinat, Käsecremes und einige süße Gebäcke, zum Beispiel karibische Bananenkuchen.

Muskatblüte verfeinert Fleischbrühen, Fisch und Krustentiere, Geflügel, Ragouts und Frikassees, Pasteten, Wurstwaren, Mayonnaisen, Gewürzkuchen, Lebkuchen und anderes Weihnachtsgebäck.

Auch einige Liköre enthalten Muskat, der die Wirkung des Alkohols verstärkt. Des weiteren ist Muskat in einer Reihe von Gewürzmischungen wie Geflügel-, Pasteten- und Lebkuchengewürz obligatorisch.

Am reichlichsten verwenden die Araber die Muskatgewürze, welche sie gleichermaßen als Speisewürze und Aphrodisiakum für den Mann schätzen.

Gesundheitswert: Magenstärkend, nervenberuhigend und stimmungsaufhellend (Myristicinwirkung), wirkt Rheuma und Erkältungen entgegen, in Überdosierung halluzinogen und abortiv. Muskatbutter dient zur Bereitung von Salben und Pflastern.

Olive
Olea europaea
Familie: Oleaceae

Aussehen und Herkunft: Schon lange vor Beginn unserer Zeitrechnung war der Olivenbaum eine der wichtigsten Nutzpflanzen der Völker des Mittelmeerraumes. Seine Heimat wird in Westasien angenommen. Die immergrünen, bis zu 15 m hohen, im Alter malerisch knorrigen Bäume tragen schmallanzettliche ledrige, dunkelgraugrüne Blätter. Aus den weißen Blüten entwickeln sich die bekannten ovalen, fleischigen Steinfrüchte, die sich mit zunehmender Reife von grün nach rötlichbraun und schließlich schwarz färben. Ölbäume können etwa tausend Jahre alt werden.

Kultur: In unserem Klima hält man Ölbäumchen als Kübelpflanzen im Sommer an sonnigen Plätzen im Freien, wo ältere Pflanzen bei günstigem Standort auch Früchte tragen. Im Winter brauchen sie einen hellen, kühlen, doch frostfreien Platz im Haus.

Inhaltsstoffe: Die Früchte enthalten fettes Öl (15 % in grünen, 35 % in schwarzen Früchten), Wasser, glykosidische Bitterstoffe, Flavonoide, Eiweiß, Mineralstoffe, organische Säuren, Enzyme sowie die Vitamine A, B_1, B_2 und Niacin.

Gewürz: Sowohl grüne, braune und schwarze Früchte, wie auch das daraus gewonnene grünliche bis gelbgrüne Öl sind beliebte Würzmittel. Zum Entbittern werden Oliven mehrmals in frischem Wasser gewässert, bevor man sie weiterverarbeitet.

Grüne Früchte gibt es im Ganzen oder entsteint und mit Paprika gefüllt, reifere braune und schwarze Oliven in Salzlake eingelegt.

Verarbeitung: Oliven können im Ganzen, entsteint und gehackt oder wie für die französische Olivenpaste »Tapenade« im Mörser zerstampft verwendet werden.

In Salzlake eingelegte Früchte werden milder, wenn man sie in einem Schraubglas mit kaltem Wasser bedeckt einige Tage gekühlt stehenlässt. Das so entstehende milde Salzwasser bewahrt sie einige Zeit vor dem Verderb.

Verwendung: Oliven werden, so wie sie sind, als Beilage zu kalten Speisen verspeist oder zum Würzen von kalten und warmen Saucen (ähnlich Kapern), Pizza und Salaten, und zur Garnierung kalter Platten verwendet. Das aromatische Olivenöl eignet sich vorzüglich für Dressings zu Blatt-, Tomaten-, Gurken-, Paprika- und Käsesalaten. Mediterranen Paprika- und Pepperoniwürzpasten und -saucen verleiht es zusammen mit Knoblauch und den typischen Mittelmeerwürzkräutern eine delikate Note. Ob man, wie überall im Mittelmeerraum, Braten, Saucen aller Art und sogar süße Gebäcke mit Olivenöl bereitet, bleibt dem individuellen Geschmack und Anlass überlassen.

Gesundheitswert: Blutdrucksenkend, krampflösend, lindert Herzrhythmusstörungen, galle- und harntreibend, abführend.

Papaya

Carica papaya

Familie: Caricaceae

Aussehen und Herkunft: Papayas sind die Beerenfrüchte des tropischen, immergrünen, meist zweihäusigen Papaya- oder Melonenbaumes aus der Familie der Melonenbaumgewächse. Der bis 6 m hohe Baum trägt auf seinem schlanken Stamm eine schopfartige Krone aus langgestielten handförmigen Blättern mit tief eingeschnittenem Rand. Unmittelbar darunter hängen rund um den Stamm die ovalen Früchte. Ursprünglich stammt die Pflanze aus Mittelamerika. Heute wird sie wegen ihrer köstlichen Früchte

Papayasamen verwendet man am besten in frischer Form.

überall in den Tropen angebaut. Je nach Sorte können Papayafrüchte – wie bei uns gehandelt – klein sein oder bis kopfgroß und 5 kg schwer werden. Das Aroma des Fruchtfleisches ähnelt dem der Galiamelone, daher auch der Name »Baummelone«. Eine Verwandtschaft zu den Melonen besteht jedoch nicht. Aus dem im unreifen Fruchtfleisch enthaltenen eiweißspaltenden Enzym Papain stellt man Fleischzartmacher her.
Gewürz: Die zahlreichen, in die reife Frucht eingebetteten, knackig-weichen, glänzenden Samen sind grauschwarz, 6 mm groß und etwas schleimig. Sie schmecken kresseähnlich mit mäßiger Schärfe und können wie in den Anbauländern vorzugsweise in frischer Form als Gewürz verwendet werden.
Verarbeitung: Die Samen in einem Sieb unter fließendem kalten Wasser abspülen, um den Schleim zu entfernen. Abtropfen lassen und anhaftendes Fruchtfleisch entfernen. Auf Küchenkrepp ausbreiten, um die Feuchtigkeit abzusaugen. Frisch und unzerkleinert verwenden oder mit trockenem Weißwein übergossen im Schraubglas gekühlt aufbewahren. Die Samen halten so einige Wochen.
Verwendung: Papayasamen sind eine hübsche würzende Garnierung für pikante Salate aus Nudeln, Kartoffeln, Käse, Wurst, grünem Salat, Tomaten und Gurken.
Gesundheitswert: Noch nicht erforscht.

Paprika

Capsicum annuum
Familie: Solanaceae
Roter Pfeffer, Roter Piment, Spanischer Pfeffer

Aussehen und Herkunft: Paprika wurde schon vor 4000 Jahren von den südamerikanischen Indianern angebaut und von Kolumbus nach Europa gebracht. Wildwachsend kommt er in den Tropen Süd- und Mittelamerikas, in Westindien bis nach Florida vor. Die artenreiche Pflanze zählt wie der Chili- oder Cayennepfeffer (*C. frutescens*) zur Familie der Nachtschattengewächse. Der Paprika bildet

Aroma und Schärfegrad des Paprika hängen von der Sorte an.

einjährige, bis 60 cm hohe, krautige Büsche mit lanzettlichen Blättern und gelblich-weißen, fünfzipfeligen Blüten. Die hängenden, hohlen Beerenfrüchte, die sogenannten Paprikaschoten, können grün (unreif), gelb, orange, rot, dunkelpurpurfarben, bräunlich oder schwarz sein. Ihre Form variiert von aufgetrieben-gerundet bis zu schlank-zylindrisch. Je nach Unterart unterscheidet man fleischigen, mildschmeckenden Gemüsepaprika und den schärferen, da capsaicinreicheren Gewürzpaprika mit ledrig-dünner Fruchtwand und unten spitz zulaufenden, bis 15 cm langen Schoten. Paprika zieht man aus Samen.

Inhaltsstoffe: Alkaloid Capsaicin (Scharfstoff), Farbstoff β-Carotin , Flavonglykoside und reichlich Vitamin C.

Gewürz: Die reifen, meist getrockneten und pulverisierten Früchte schmecken süßlich-scharf mit fruchtiger Note. Je größer der Anteil der Scheidewände und Samen gehalten wird, desto schärfer ist das rote Pulver. Man unterscheidet nach Handelsklassen den mildsüßen Delikatesspaprika, Edelsüßpaprika (süßwürzig mit milder Schärfe), Halbsüß- oder Gulaschpaprika (mittlerer Schärfegrad) und Rosenpaprika (scharf). Paprikapulver ist Bestandteil zahlreicher Fleisch- und Geflügelgewürzmischungen. Unter der Bezeichnung »Ajvar« ist konserviertes gewürztes Paprikamark, eine Würzspezialität der nordöstlichen Mittelmeerländer, erhältlich (siehe Seite 119).

Verarbeitung: Heißes Bratfett lässt Paprikapulver bitter werden, deshalb das Pulver erst nach dem Anbraten und Ablöschen des Bratgutes zugeben. Das beste Aroma entwickelt Paprika in Schmorgerichten.

Verwendung: Paprika ist das appetitlich rotfärbende Charaktergewürz für Gulasch und Fleischspieße nach Balkanart. Durch die Feinabstufung des Schärfegrades passt er sich den verschiedensten Speisen, wie Fleisch, Geflügel, Würsten, Saucen, Gemüse, Salaten, Pommes-frites und Sauermilchprodukten an. Das rote Pulver ist eine appetitliche Garnierung für Quark, Käse, Salate und kalte Platten.

Gesundheitswert: Appetitanregend, verdauungsfördernd, bekämpft Brechreiz und Durchfall, Vitamin-C-Spender.

Pfeffer

Piper nigrum
Familie: Piperaceae

Aussehen und Herkunft: Pfefferkörner sind die 5 bis 6 mm großen einsamigen Steinfrüchte einer immergrünen tropischen Regenwaldpflanze aus den niederschlagsreichen südlichen Vorbergen des Himalaya. Seine Anbaugebiete sind heute Plantagen in den tropisch-feuchten Gebieten Südostasiens und Afrikas, auf Madagaskar, den Westindischen Inseln und in Brasilien. Pfefferpflanzen sind ausdauernde Gewächse mit verholzenden Trieben, die Seitensprosse mit 10 bis 16 cm langen, herzförmigen Blättern bilden. Aus den grünlichen, in bis zu 15 cm langen, hängenden Ähren zusammengefassten 20 bis 30 Blüten entwickeln sich die kleinen Früchte, die an rote Johannisbeeren erinnern.
Kultur: Pfefferpflanzen tragen ab dem dritten Jahr und können ab dem siebten bis achten Jahr zweimal jährlich Höchsterträge bis zu 3,5 kg Früchte pro Pflanze erreichen. Die Weltjahresproduktion an Pfefferfrüchten wird auf 100 000 t geschätzt. Die Kletterpflanze kann mit ihren Haftwurzeln bis 15 m hoch klimmen, wird jedoch im Erwerbsanbau zur Ernteerleichterung maximal 4 bis 6 m hoch an Stangengerüsten gehalten. Pfefferpflanzen erreichen ein Alter von mehreren Jahrzehnten. Ihre Vermehrung geschieht durch Stecklinge.

Weisser, Roter und Schwarzer Pfeffer entstammen der gleichen Frucht.

Inhaltsstoffe: Die Pfefferkörner enthalten 2,5 % ätherisches Öl mit Terpenen, die scharfschmeckenden Alkaloide Piperin (5 bis 10 %) und Chavicin, Harze.
Gewürz: Die Steinfrüchte sind in allen Reifestadien, das heißt grün, orange und rot als Gewürz verwendbar.

Der fruchtig-scharfe Grüne Pfeffer, ganzkörnig im Handel, besteht aus unreifen Pfefferkörnern, die in Salzlake oder Essig konserviert oder gefriergetrocknet wurden.

Trocknet man grüne Pfefferkörner in der Sonne, so entsteht daraus der schrumpelige, starkwürzig-scharfe Schwarze Pfeffer.

Den milderen Weißen Pfeffer gewinnt man aus fast oder ganz reifen, orangefarbenen bis roten Pfefferfrüchten, deren Fruchtfleisch mittels Fermentation entfernt wurde.

Schwarzer und Weißer Pfeffer wird als Ganzkorn, gemahlen und als Bestandteil zahlreicher Gewürzmischungen gehandelt.

Rote Pfefferkörner schließlich sind vollreife, ähnlich dem Grünen Pfeffer in Essig oder Salzlake eingelegte oder gefriergetrocknete Früchte. Ihr Geschmack ähnelt dem des Schwarzen Pfeffers. Roter Pfeffer ist gelegentlich Bestandteil ganzkörniger dekorativer Pfeffermischungen aus den getrockneten Körnern der unterschiedlichen »Pfefferarten«.

Pfeffer ist eines der ältesten und wegen seiner universellen Verwendbarkeit meistverwendeten Gewürze.

Verarbeitung: Da gemahlener Pfeffer sein Aroma rasch verliert, mahlt man die benötigte Portion jeweils frisch in einer Pfeffermühle.

Verwendung: Gemahlener Pfeffer eignet sich zu allen pikanten Speisen. Ganze Pfefferkörner würzen Fleischgerichte und Würste, Fischsud, Saucen und Marinaden. Ob man Grünen, Weißen, Schwarzen oder Roten Pfeffer oder eine Mischung daraus verwendet, hängt eher von den individuellen Vorlieben, seltener vom Rezept ab. Currygerichte, Pfefferwürste und Gurkensalat verlangen eindeutig nach Schwarzem Pfeffer, Pfeffersteaks nach eingelegten grünen Pfefferkörnern, desgleichen Fisch- und Geflügelsaucen und manche Relishes und Mayonnaisen. Schwarzer und Weißer Pfeffer sind verbreitete Tafelgewürze.

Gesundheitswert: Piperin erregt die Wärmenerven und stimuliert die Verdauung. Pfeffer ist daher häufig in Magentonika enthalten. Magenempfindliche sollten schwarzen Pfeffer zurückhaltend gebrauchen.

Pilze

Pilzgattungen und -arten aus verschiedenen Familien

Obwohl die Pilzkunde wegen der Vielzahl der Arten eine Wissenschaft für sich ist, die zu einem eingehenden Kennenlernen der Arten Spezialliteratur und zum Sammeln Erfahrung erfordert, dürfen Speisepilze in einem Gewürzbuch wegen ihres besonderen Genusswertes nicht fehlen. Essbare Pilze zählen zu den Makropilzen. Sie sind chlorophyllfreie Fruchtkörper niederer Organismen, die zu ihrer Entwicklung auf Nährstoffe aus organischen Substraten oder die Symbiose mit höheren Pflanzen angewiesen sind.

Wer selbst Pilze sammeln möchte, muss auf die Gefahr der Verwechslung essbarer mit giftigen Pilzen hingewiesen werden und auf die mögliche Anreicherung der Wildpilze mit dem Schwermetall Cadmium, weshalb vom Verzehr größerer Mengen dieser Pilze abzuraten ist. Der Küchenbedarf kann heute sicherer mit in Kulturen gezogener Marktware gedeckt werden, die sowohl als Frisch- und Trockenpilze als auch in Form von Dosenkonserven angeboten wird.

In der Mehrzahl der Fälle wird Frischpilzen der Vorzug gegeben. Das kräftigste Waldpilzaroma und entsprechende Preise besitzen jedoch getrocknete Röhrenpilze, wie Steinpilze oder Maronenröhrlinge, während getrock-

Wildpilze sind heute für viele eine seltene Gaumenfreude.

nete Lamellenpilze geschmacklich ziemlich enttäuschend sein können.

Höchste Preise erzielen die französischen schwarzen, gefolgt von den italienischen weißen Trüffeln mit einem Preis von 1 DM pro Gramm. Ihr intensiver Duft reduziert allerdings die benötigte Menge auf wenige Gramm pro Gericht.

Pilzkenner sind sich einig, dass Pilzkonserven ein mehr oder weniger verringertes, oft durch Dosengeschmack erheblich verfälschtes Aroma aufweisen.

So unterschiedlich das Aroma der diversen Pilzarten auch ist, eines haben doch alle gemeinsam: Sie sind kalorienarm und ihr Eiweiß zersetzt sich leicht, weshalb Frischpilze möglichst rasch verarbeitet und Pilzgerichte nicht aufgewärmt werden sollten.

Pilzliebhaber können Sets aus Substrat und Pilzsporen für die Kultur von Zuchtpilzen im eigenen Garten oder Keller erwerben.

Inhaltsstoffe: Frischpilze: 75 % (Trüffel) bis 90 % (Champignons) Wasser, 2,5 bis 5 % Eiweiß, 0,3 bis 0,8 % Fett, viel Kalium, als Aromastoffe terpenhaltige Harze, Enzyme, Farbstoffe und antibiotische Substanzen.

Trockenpilze: 10 % Wasser, 43 % Kohlenhydrate, 16 bis 19 % Eiweiß, 2 bis 3 % Fett, Aromastoffe.

Verarbeitung: Pilze erfordern je nach Art unterschiedliche Behandlung. Manche, beispielsweise Champignons, können roh verzehrt, andere

müssen erhitzt werden, so dass man sich am besten an die Rezepte hält oder sich beim Händler erkundigt. Trockenpilze müssen vor dem Mitkochen 15 bis 20 Minuten in wenig kaltem Wasser vorgeweicht werden (das Einweichwasser mitverwenden).
Konservierung: Einfrieren, Einkochen, Trocknen. Zum Trocknen gut geputzte (nicht gewaschene!) und in maximal 1,5 mm dünne Scheiben geschnittene Pilze auf Butterbrotpapier ausbreiten und an einem warmen, schattigen Ort trocknen. Luftdicht verschlossen und dunkel aufbewahren und eventuell zu Pilzpulver mahlen.
Verwendung: Zu Pilzsaucen, Pilzragouts, Pilzextrakt und Pilzwürzsaucen verarbeiten und zum Würzen von Fleischgerichten, Omelettes, Pizzen, Pasteten und Füllseln, Würsten, Suppen und Salaten verwenden.
Gesundheitswert: Pilzeiweiß ist schwer verdaulich. In der fernöstlichen Heilkunde gelten Pilze als lebensverlängernd. Der Gehalt an antibiotischen Wirkstoffen ist in den fernöstlichen Shiitakepilzen besonders hoch.

Piment

Pimenta dioica,
syn. P. officinalis
Familie: Myrtaceae
Allgewürz, Englisches Gewürz, Jamaikapfeffer, Nelkenpfeffer

Aussehen und Herkunft: Pimentkörner sind die getrockneten Früchte des bis 15 m hohen, in Plantagen maximal 10 m hoch gehaltenen, immergrünen Pimentbaumes aus den Tropen Mittelamerikas. Der beste Piment stammt aus Jamaika. Die Rinde und die bis 10 cm großen, ovalen, ledrigen Blätter des Baumes, der ein Verwandter des Gewürznelkenbaumes (*Syzygium aromaticum*) ist, sind ebenfalls aromatisch. Aus den endständigen weißen Blütenrispen reifen nach der Bestäubung grüne, später rote, zweisamige Beerenfrüchte heran. Da sie im Laufe der Reifung das Aroma verlieren, werden die unreifen Beeren geerntet, getrocknet und von den Stielen gestreift. Sie sind dann 4 bis 8 mm groß, mit dunkelbrauner warziger Oberfläche. Ein Baum erbringt pro Jahr 30 bis 40 kg Gewürz.

Pimentbeeren werden unreif geerntet und getrocknet.

Inhaltsstoffe: 4–4,5 % ätherisches Öl mit Eugenol, Eugenolmethyether, Cineol und Mono-Terpenen, Gerbstoffe.
Gewürz: Das Aroma der Pimentkörner ähnelt einem Gemisch aus Nelken, Pfeffer, Zimt und Muskat mit mäßig brennender, einer Spur herber Schärfe, daher die Bezeichnungen »Nelkenpfeffer« und »Allgewürz«. Im Handel sind ganze Körner und Pulver. Piment ist Bestandteil von Gewürzmischungen zu Fleisch- und Fischgerichten, Eingelegtem und Weihnachtsgebäcken.
Verarbeitung: Die Körner am besten unzerkleinert kaufen und bei Bedarf portionsweise pulverisieren oder zerquetschen.
Verwendung: Die ganzen Körner eignen sich zu Wildbeizen und Fischmarinaden, Fischsud und Würzsaucen, Chutneys, Relishes und Pickles, das Pulver für Suppen, Saucen, nordische Fischpuddings, Pasteten und Würste, Weihnachtsgebäck, Trinkschokolade, Schokoladenliköre und Magenbitter. Die Industrie nutzt Piment zur Herstellung von Schnäpsen und Würzsaucen (zum Beispiel Worcestershiresauce), das Pimentöl in der Kosmetikproduktion.
Gesundheitswert: Magenstärkend, windtreibend, verdauungsfördernd, senkt hohen Blutdruck.

Schwarzkümmel
Nigella sativa
Familie: Ranunculaceae
Römischer Kümmel,
Schwarzer Koriander

Aussehen und Herkunft: Der einjährige Schwarzkümmel stammt aus dem Vorderen Orient und gehört zur Familie der Hahnenfußgewächse. Die Pflanze wird 40 cm hoch, hat feinzerschlitzte Blättchen ähnlich dem Kümmel und der verwandten Bauerngartenpflanze »Jungfer im Grünen« (*Nigella damascena*) und grünliche Blüten mit fünf Kronblättern. Aus diesen entstehen mohnähnliche Kapseln mit schwarzen, tropfenförmigen, 3 bis 4 mm langen Samen. Den besten Schwarzkümmel liefert Ägypten. Eine Flasche Schwarzkümmelöl unter den Grabbeigaben des Pharao Tut ench Amun (um 1340 v. Chr.) dokumentiert die jahrtausendealte Tradition dieses Gewürzes im Orient.
Inhaltsstoffe: Ätherisches Öl, Saponin, Bitterstoff Nigellin, Nigellon, fettes Öl.
Gewürz: Die Samen besitzen eine mild beißende Schärfe und schmecken im Nachklang bitter und leicht herb. Sie sind das Charaktergewürz orientalischer Fladenbrote von der Türkei bis nach Indien. Bei uns ist Schwarzkümmel in Reformhäusern und orientalischen Spezialitätengeschäften erhältlich, in letzteren häufig unter ihrem indischen Namen »Kalwanji« oder als »onion seeds« sowie als Streugewürz auf türkischen Fladenbroten. Zur Zeit ist das Schwarzkümmelöl in Mode, das Reformhäuser als Naturheilmittel und Würzstoff anbieten.
Verarbeitung: Das Gewürz sparsam dosieren, da es auch Giftstoffe enthält und in größeren Mengen schädlich wirkt.
Verwendung: Schwarzkümmel als Streugewürz gibt Fladenbroten, Pitta-

Schwarzer und Brauner Senf sind schärfer als der Weiße.

brot, Brötchen und pikanten Keksen eine aparte Note. Er ist im indischen »Fünf-Gewürz« enthalten, einer ganzsamigen Gewürzmischung aus Schwarzkümmel, Kreuzkümmel, Fenchel, Bockshornklee und braunem Senf für Gemüsespeisen, Hülsenfruchtgerichte, Chutneys und Pickles.
Gesundheitswert: Verdauungsfördernd, galle- und harntreibend, stoffwechselstimulierend, krampflösend, windtreibend, fördert die Milchsekretion.

Senf

Sinapis alba
Familie: Cruciferae
Gelber Senf, Weißer Senf
Weitere Arten: Brauner Senf, Indischer Senf, Sareptasenf (*Brassica juncea*) Schwarzer Senf (*Brassica nigra*)

Aussehen und Herkunft: Senf wird nach der Farbe seiner 1 bis 3 mm großen runden Samenkörner in Weißen (*Sinapis alba* ssp. *alba*), Braunen oder Indischen (*Brassica juncea*) und Schwarzen (*Brassica nigra*) Senf unterschieden. Weißer und Schwarzer Senf stammen aus dem östlichen Mittelmeergebiet, Brauner Senf aus dem indischen Raum. Allen gemeinsam sind die zu Doldentrauben zusammengefassten, hell- oder goldgelben Kreuzblüten, die im Frühjahr von April bis Mai ganze Felder zu leuchtenden Farbtupfern in der Landschaft werden lassen. Bald darauf bilden sich die schmalen Schötchen mit den Senfsamen. Die Senfarten der Gattung *Brassica* lassen sich durch die etwas dunkleren Blüten und die an den Stängel angedrückten Samenschoten vom Weißsenf unterscheiden, dessen Samenschoten waagerecht vom Stängel abstehen. Speisesenf ist als Gewürz seit Jahrtausenden im Gebrauch. Schon in der Bibel wird er mehrfach erwähnt, unter anderem im Gleichnis mit dem Senfkorn.
Inhaltsstoffe: Die Samen enthalten 30 % fettes Öl, 30 % Protein, schwachbitter schmeckende Senfölglykoside, Schleim und das alkaloidartige Sinapin.
Gewürz: Aus den Senfölglykosiden der reifen Samen entwickelt sich erst in Verbindung mit kaltem Wasser durch die Tätigkeit sameneigener Enzyme nach einer gewissen Ruhezeit die erwünschte aromatische Schärfe. Brauner und Schwarzer Senf sind schärfer als Weißer, doch sind die Senföle der ersteren wasserdampfflüchtig und dürfen nur gekühlt gelagert werden, da sie sich andernfalls verflüchtigen.

Aus der Vielfalt der Tafelsenfsorten und der Größe der im Handel angebotenen Packungen zu schließen, ist Senf hierzulande nach der Speisezwiebel und Frischkräutern wie Petersilie und Schnittlauch das meistverwendete traditionelle Gewürz. Über 90 % der Senfernte werden industriell zu Tafelsenf verarbeitet. Die schärfsten und ausschließlich aus Braunsenf erzeugten Sorten sind der französische »Dijon-Senf« und der Düsseldorfer »Löwensenf«, während der zu Weißwürsten gereichte, grobkörnig vermahlene bayerische Senf süß und kaum scharf ist. Im Schärfegrad dazwischen angesiedelt sind die milden bis mittelscharfen Sorten des Haushaltssenf, die mit Kräutern zusätzlich verfeinert sein können.

Während sich der Schärfegrad des Tafelsenf aus dem Mischungsverhältnis von milderen gelben und schärferen braunen oder schwarzen Senfsamen ergibt, entstehen seine Aromavarianten vor allem durch Zusatz weiterer Geschmacksträger. Diese bestehen aus Essig, Salz, weißem oder braunem Zucker und einer Auswahl von Gewürzen wie Zwiebeln, Knoblauch, Meerrettich, Piment, Kümmel, Muskat, Nelken, Ingwer, Kardamom, Pfeffer, Zimt sowie feingewiegten frischen Kräutern, zum Beispiel Estragon, Kerbel, Basilikum und Liebstöckel. Auch Sherry, Tabascosauce, eingelegte grüne Pfefferkörner, gehackte Kapern oder Sardellen können dazukommen. Einen verschönernden Farbstoff liefert Kurkumapulver.

Verwendung: Senfkörner: Zu Fischmarinaden, eingelegten Gurken und Sauerkraut, Würsten (zum Beispiel Salami), Pickles, Chutneys und Relishes.

Senfmehl: Zum Würzen von Fleisch- und Fischgerichten, pikanten Saucen, Marinaden, Dressings, Mayonnaisen und hausgemachtem Tafelsenf.

Tafelsenf: Zu Braten, Rouladen, Grillfleisch und Grillsaucen, Würsten, warmen Senfsaucen zu Fleisch-, Fisch- und Eiergerichten, Fischmarinaden, Mayonnaisen und Salatdressings.

Gesundheitswert: Appetitanregend, verbessert die Fettverdauung, antibakteriell und durchblutungsfördernd, lindert Bronchitis, Blutandrang und Rheumatismus, der Schwarze Senf als Pulver zu Bädern und Senfpflastern. Bei Magenschwäche Senf ähnlich dem Meerrettich zurückhaltend dosieren.

Sesam

Sesamum indicum,
syn. *S. orientale*
Familie: Pedaliaceae

Aussehen und Herkunft: Die ursprüngliche Heimat des Sesams wird im tropischen Ostafrika oder Indien vermutet. Heute baut man die bis mannshohe Pflanze überall in den Tropen und Subtropen an. Ihre an den Fingerhut erinnernden glockenförmigen, weißen bis rosafarbenen Blüten entspringen in den Achseln der schmal-lanzettlichen Blätter. Die länglichen rotbraunen Samenhülsen beinhalten 2 bis 3 mm lange, flach tropfenförmige Samen, die je nach Sorte Farbschattierungen von cremefarben über braun bis schwarz annehmen können. Ein 500g-Paket

Sesam enthält etwa 300 000 Samen. Im Fernen Osten, wo man keine Milchprodukte konsumiert, ist Sesam neben Meeresalgengemüse der wichtigste Calciumlieferant in der menschlichen Nahrung.

Inhaltsstoffe: Die Samen enthalten 50 bis 60 % fettes Öl, 20 % Eiweiß, 16 % Kohlenhydrate, 1500 mg Calcium und 10 mg Eisen pro 100 g Samen, Lecithin, die Vitamine B_1, B_2, E und Niacin.

Gewürz: Die reifen Samen sind Gewürz, Ölfrucht und Nahrungsmittel in einem. Geröstet oder gebacken entsteht der bekannte nussartige Sesamgeschmack. Dunkle Samen sind mineral- und bitterstoffreicher als helle Samen. Sesamöl wird selbst in heißem Klima nicht ranzig. Im China und Japan gewinnt man es aus gerösteten Samen. Ein in den Anbauländern wichtiges Nahrungsmittel ist Sesammus, auch »Tahin« oder »Tahina« genannt.

Sesamsamen sind geschält und ungeschält im Handel. Geschälte Samen können ranzig werden, ungeschälter Sesam kaum.

Sesamsalz, ein aus zerstoßenem geröstetem Sesam und Salz bestehendes Würzmittel, erhält man in Reformhäusern und Naturkostläden unter der japanischen Bezeichnung »Gomashio«.

Verarbeitung: Sesamsamen werden geröstet, indem man sie in einer trockenen Pfanne bei mittlerer Hitze unter ständigem Rühren erhitzt, bis sie zu springen beginnen und etwas Farbe annehmen. Man kann sie im Verhältnis 7 : 1 zusammen mit kurz erhitztem Salz zu Sesamsalz zerstoßen oder unzerkleinert als Streugewürz verwenden. Kühl aufbewahren. Braune oder schwarze Sesamsamen vorsichtig toasten, denn sie werden leicht bitter.

Verwendung: Mit rohem Sesam bestreut man süße wie pikante Gebäcke vor dem Backen. Getoasteter Sesam ist eine beliebte Streugarnierung für Gemüsegerichte, pikante und süße Salate. Mit Sesamsalz würzt man nach fernöstlicher Sitte warme Reis- und Gemüsespeisen oder auch Butter-, Quark- und Käsebrote und Frischkostsalate.

Tahin ist Grundstoff zur Bereitung von Konfekt (zum Beispiel »Halwah«), süßen Brotaufstrichen und Gebäckfüllungen. In wenig kaltem Wasser aufgelöst dient es zum Andicken warmer Saucen und zu Salatdressings. Orientalische Vorspeisen, Dips und pikante Brotaufstrichpasten werden ebenfalls mit Tahin gewürzt.

Das nussige Sesamöl, ungeröstet oder geröstet, ist ein ideales nichtharzendes Bratfett.

Gesundheitswert: Samen und Tahin sind Aufbaumittel für Rekonvaleszenten, Knochen, Zähne, Nerven und Gehirn. Regelmäßiger Verzehr verhilft zu glänzendem vollen Haar und erhöht die Sekretion der Muttermilch.

Sojabohne

Glycine max, syn.
Dolichos soja, Phaseolus max, Soja hispida

Familie: Leguminosae

Aussehen und Herkunft: Der Anbau der einjährigen Hülsenfrucht Sojabohne ist in China schon seit 1000 v. Chr. belegt. Ihre Heimat ist das subtropische Südostasien, doch werden Züchtungen dieser besonders für die Eiweißernährung wertvollen Pflanze zunehmend auch in den Tropen angebaut. Die bis 80 cm hohen Sojasträucher sind wechselständig mit Fiederblättern aus drei bis fünf eiförmigen Blättchen besetzt, in deren Achseln auf kurzen Stielen Trauben kleiner, weißer bis violettrosa Schmetterlingsblüten sitzen. Die Sträucher erinnern an Buschbohnen oder Erbsenpflanzen. Nach der Bestäubung entwickeln sich dicke Hülsen mit je zwei bis drei rundlich ovalen, 5 bis 12 mm dicken Samen. Je nach Sorte kann deren Farbe weißgelb, rot, braun oder schwarz sein.

Hauptanbaugebiete von Soja sind Ostasien, die USA und Südamerika. Neuerdings gibt es auch Sojafelder im badischen Teil des Rheingrabens.

Inhaltsstoffe: Die Samen enthalten 37 % hochwertiges Eiweiß, 18 % fettes Öl, 27 % Kohlenhydrate, Kalium, Calcium, Phosphor, Eisen, Magnesium, die Vitamine A, E, B_1, B_2 und Niacin, Lecithin.

Gewürz: Das fernöstliche Universalgewürz anstelle von Salz sind die durch Fermentation aus Sojabohnen gewonnenen salzigen Würzsaucen und Sojapasten (»Miso«, »Hoisin-Sauce« und dergleichen). Zur Herstellung dieser Produkte werden gekochte, zerkleinerte Sojabohnen mit dem Schimmelpilz *Aspergillus oryzae* geimpft und in traditionellen Verfahren einige Monate bis zu drei Jahre lang unter Druck vergoren. Durch Zusatz von gekochtem

Neben Milch und Meeresalgen ist Sesam einer der wichtigsten Calcium-Lieferanten.

Weizen, Reis oder Gerste entstehen mildere oder strengere Geschmacksnuancen. Chinesische Hersteller würzen ihre Sojasaucen gern mit Pilzen.

Mit moderner Technik kann Sojawürze auch im Schnellverfahren innerhalb weniger Tage oder Wochen produziert werden, was jedoch erhebliche Geschmackseinbußen zur Folge hat. Sojasaucen und -pasten sind durch ihren Salzgehalt auf natürliche Weise konserviert und können bei Zimmertemperatur aufbewahrt werden.

Verwendung: Zu pikanten Gerichten aus Fleisch, Fisch, Getreide, Gemüse, Saucen und Salatdressings, Marinaden für Fisch, Fleisch, Tofu und Eier und selbstverständlich zu Speisen der chinesischen, japanischen, indonesischen und auch indischen Küche.

Neben Sojawürze gewinnt man aus Sojabohnen vor allem eiweißreiche ostasiatische Spezialitäten wie Sojamilch, Tofu, Natto, Tempeh, das westliche Produkt Sojafleisch, Tofubrotaufstriche, Sojamehl und -teigwaren, Speiseöl, Margarine und den Emulgator Lecithin. Die Sojabohne ist somit eines der vielfältigst verwendbaren nahrhaften Lebensmittel überhaupt.

Sternanis

Illicium verum

Familie: Illiciaceae

Chinaanis

Aussehen und Herkunft: Der immergrüne, bis 8 m hohe Sternanisbaum ist in Indochina und dem Süden Chinas beheimatet, wo er auch wild wächst. Seine glänzenden lanzettlichen Blätter erinnern an Lorbeerblätter. Die in den Blattachseln stehenden weißen Blüten besitzen zahlreiche spitzovale Blütenblätter. Die sternförmigen rotbraunen Früchte sind aus sechs bis acht länglichen Teilfrüchten zusammengesetzt, die in ihrem Innern jeweils einen flachovalen glänzend rotbraunen Samen bergen.

Inhaltsstoffe: Die Früchte enthalten 4 bis 5 % ätherisches Öl mit dem Hauptbestandteil Anethol, Limonen, Pinen und anderen Terpenen.

Gewürz: Die 25 bis 30 mm großen Fruchtsterne haben ein süßlich-intensives Aroma, das einer Mischung aus Anis und Lakritze ähnelt, mit mäßig brennender Schärfe und etwas bitterlich-kratzigem Nachgeschmack. Sie sind ein wichtiges Gewürz der chinesischen Küche.

Sternanis ist unzerkleinert, geschrotet und feingemahlen im Handel sowie als Bestandteil des chinesischen Fünf-Gewürz-Pulvers und von Lebkuchengewürzmischungen.

Verwendung: Mit Sternanis würzt man zusammen mit Sojasauce Schmorgerichte der chinesischen Küche aus Schweinefleisch und Geflügel, Tofu, Fleisch- und Fischmarinaden, rote Sojabohnen (»Azukibohnen«) und Suppen.

In der europäischen Küche nutzt man Sternanis gemischt mit Zimt und Nelken zu Pflaumenmus und Pflaumenkompott, mit Zimt, Nelken, Muskatblüte, Piment, Kardamom, Koriander und Pomeranzenschale als Lebkuchengewürz, zusammen mit echtem Anis zu Anislikören, und darüber hinaus für dekorative Zwecke.

Indochina ist die Heimat des Sternanis.

Gesundheitswert: Ähnlich wie Anis verdauungsfördernd, löst Krämpfe der Verdauungsorgane, entschleimt die Bronchien, windtreibend.

Sumachbeere

Rhus coriaria

Familie: Anacardiaceae

Aussehen und Herkunft: Sumachbeeren sind die reifen roten Früchte des im Mittelmeergebiet heimischen Gerbersumachs. Der ausdauernde, bis zu 3 m hohe Strauch hat Fiederblätter und grünliche Blütenrispen ähnlich dem in unseren Gärten als Zierpflanze gehaltenen verwandten, landläufig als »Essigbaum« bezeichneten Hirschkolbensumach (*Rhus typhina*). Der Gerbersumachstrauch wächst in felsig-trockenen Regionen des Mittelmeergebietes, wo seine Blätter seit langem zur Ledergerbung verwendet werden.
Inhaltsstoffe: Die Beeren enthalten Fruchtsäuren, Fruchtzucker und Gerbstoffe.
Gewürz: Die getrockneten dunkel rotbraunen Beeren, die man pulverisiert und abgepackt in türkischen Läden unter der Bezeichnung »sumak« kaufen kann, haben ein angenehm fruchtiges, herb-saures Aroma und dienen im Vorderen Orient ähnlich wie Granatapfel- und Tamarindensaft als Säuerungsmittel.
Verarbeitung: Das rote Pulver 15 bis 20 Minuten in wenig heißem Wasser weichen lassen. Die ausgepresste Flüssigkeit ähnlich Essig oder Zitronensaft gebrauchen.
Verwendung: Als mildes Säuerungsmittel zu Speisen der mittelöstlichen arabischen Küche, besonders Schmorgerichten aus Fleisch, Geflügel, Fisch oder Gemüse, auch für Saucen, Marinaden, zu kurzgebratenem Fleisch und über Kebabs.
Gesundheitswert: Erfrischend, verdauungsfördernd, verhütet und beseitigt Darminfektionen.

Tamarinde

Tamarindus indica

Familie: Leguminosae

Aussehen und Herkunft: Die »indische Dattel«, so die Bedeutung der aus dem Arabischen stammenden Bezeichnung »tamar hindu«, ist die Frucht des schon früh in Indien kultivierten, im tropischen Ostafrika beheimateten, bis 25 m hohen Tamarindenbaumes. Er wird heute überall in den Tropen angebaut. Im Wuchs ähnelt er den bei uns wachsenden, ebenfalls schmetterlingsblütigen, allerdings bedornten Robinien (*Robinia pseudoacacia*), die im Alter mächtige Ausmaße annehmen können.

Der pflegeleichte immergrüne Tamarindenbaum hat Fiederblätter mit 12 bis 15 Blattpaaren und Trauben gelblicher Schmetterlingsblüten, die sich im Laufe der Fruchtbildung zu 5 bis 15 cm langen zimtbraunen Hülsenfrüchten entwickeln. In deren Innerem liegen die flach-ovalen, harten Samen in Fruchtmus eingebettet. Das Tamarindenholz ist wie das Robinienholz sehr hart und als Nutzholz begehrt.

Tamarindenbäume werden überall in den Tropen kultiviert.

Inhaltsstoffe: Das Fruchtmus enthält Wein- und Zitronensäure, Weinstein, Invertzucker, Pektin.
Gewürz: Das klebrige dunkelbraune Fruchtmus erinnert im Duft tatsächlich an frische reife Datteln, doch ist der Geschmack wegen der enthaltenen Säure und Zuckerstoffe fruchtig süßlich-sauer. Arabische und asiatische Spezialitätengeschäfte führen die abgepackte, etwas klebrige und faserige Tamarindenfruchtmasse, die aus Schoten, Fruchtmus und den dunkelbraunen, steinharten, 10 bis 15 mm großen, unregelmäßig geformten Samen besteht.
Verarbeitung: Die benötigte Portion Tamarindenmus in etwas heißem Wasser mit einer Gabel zerdrücken und zwei bis drei Minuten weichen lassen. Den abgeseihten, sauren, hellbraunen Saft verwenden.
Verwendung: In den Anbauländern, besonders der südostasiatischen, arabischen und mittelamerikanischen Küche, dient Tamarindenmus als Säuerungsmittel für Currygerichte, Würzpasten, Chutneys, asiatische Ketchups und Sambals, amerikanische Salsa und Barbecuesaucen, darüberhinaus zur Bereitung von Erfrischungsgetränken und Fruchtsirups aus (säurearmen) tropischen Früchten. Auch Worcestershiresauce enthält Tamarinde.
Gesundheitswert: Erfrischend, gallentreibend, abführend, wurmtreibend.

Tomate

Lycopersicon esculentum,
syn. *L. lycopersicum,*
Solanum lycopersicum
Familie: Solanaceae
Paradiesapfel

Aussehen und Herkunft: Der Siegeszug der Tomate in die Küchen der Welt ist ein anschauliches Beispiel dafür, wie eine zunächst abgelehnte Frucht durch entsprechende Zubereitung zum wichtigen Nahrungs- und Würzmittel aufsteigen kann. Das aus dem tropischen Amerika stammende frostempfindliche Nachtschattengewächs kam durch die Spanier nach Europa. Tomatensträucher werden bei uns einjährig angebaut und sind sowohl Gemüse- als auch Gewürzpflanze. Entscheidend für die letztliche Zuordnung sind die Zubereitung

der Früchte, die verwendete Sorte und die Kulturbedingungen der Tomatensträucher. Die Pflanzen besitzen dunkelgrüne, grob gefiederte Blätter; die ganze Pflanze ist leicht behaart. Ab Mai erscheinen kleine weiße Blüten in lockeren Trauben, in kommerzieller Gewächshauskultur ganzjährig fruchttragend. Die Formenvielfalt ist groß: Neben Busch- oder Balkontomaten gibt es große Fleischtomaten und kleine Cocktailtomaten in zahlreichen Sorten. Tomaten zieht man aus Samen oder erwirbt Setzlinge, denen man einen sonnigen und warmen, geschützten Standort gibt. Im Gegensatz zu anderen Kulturpflanzen gedeihen Tomaten am besten, wenn man die Pflanzen jedes Jahr an die selben Stellen setzt und sie mit ihrem eigenen Laub mulcht.
Inhaltsstoffe: Die reifen Früchte enthalten 93 % Wasser, 1 % Eiweiß, 3,5 % Kohlenhydrate, Fruchtsäuren, Kalium, Vitamin A (Farbstoff) und C.
Gewürz: Das Aroma der reifen Früchte unterscheidet sich je nach der Sorte und den Kulturbedingungen beträchtlich. Sonnengereifte Strauchtomaten sind Treibhausfrüchten in jedem Fall geschmacklich überlegen und daher besser für Würzzwecke geeignet.

Während das erste Tomatenketchup vermutlich das Produkt eines phantasiebegabten, in der Würzkunst bewanderten indischen Kochs in der Küche eines Engländers war, sind Tomatenpürree und Tomatenmark südeuropäische Erfindungen. Spezialitätengeschäfte führen nach italienischer Art in Öl eingelegte Tomaten, türkische Läden in saurer Salzlake konservierte grüne Tomaten. Tomatenpulver ist in manchen arabischen Fleischgewürzmischungen enthalten.
Verwendung: Tomatenwürzprodukte und -saucen verleihen vor allem kurzgebratenem Fleisch, Hackfleischsaucen, Reis- und Nudelgerichten und Pizzen eine angenehme Note. Bratensaucen, Brühen und Suppen gewinnen durch Tomatenmark oder ein bis zwei mitgekochte Tomaten an Geschmacksfülle und Farbe.
Gesundheitswert: Appetitanregend, erfrischend, harntreibend und abführend, alkalisierend, daher empfohlen bei Hautleiden, Gicht und Rheumatismus.

Vanille

Vanilla planifolia,
syn. V. fragrans
Familie: Orchidaceae
Echte Vanille

Aussehen und Herkunft: Die Vanillepflanze ist eine mit Luftwurzeln bis 10 m hoch klimmende, immergrüne Liane der feuchtheißen tropischen Wälder Mexikos. Ihre grünen Ranken sind mit ungestielten, fleischigen, lanzettlichen Blättern besetzt, in deren Achseln von Juli bis August Trauben grüngelber Orchideenblüten entspringen. Außerhalb Mexikos, wo Kolibris und bestimmte Insekten als natürliche Bestäuber fehlen, müssen die nur wenige Stunden offenen Blüten von Hand durch Selbstbestäubung der einzelnen Blüten befruchtet werden. Im Laufe eines Monats entwickeln

sich 15 bis 30 cm lange Samenkapseln mit zahlreichen winzigen Sämchen darin, die sogenannten Vanilleschoten. Sie werden im grüngelben ungeöffneten Stadium geerntet. Vanillepflanzen fruchten ab dem dritten Jahr für etwa ein Jahrzehnt und tragen pro Pflanze bis zu 60 Schoten. Wichtige Vanilleanbaugebiete liegen außer in Mexiko auf Madagaskar, Réunion, den Komoren, Sri Lanka (Ceylon), Indonesien und Tahiti.
Inhaltsstoffe: Bis 3,7 % Vanillin, Glucovanillin, Glucovanillinalkohol, Phenole, Phenolether, Essigsäure und andere Komponenten.
Gewürz: Die Samenkapseln werden unmittelbar nach der Ernte mit heißem Wasser oder Wasserdampf behandelt, um anhaftende Mikroben abzutöten. Anschließend müssen sie vier Wochen lang fermentieren, wobei sie sich dunkelbraun färben und sich das in den Schalen enthaltene Vanillinglykosid in Vanillin und Glucose aufspaltet. Erst dadurch entsteht der begehrte feinwürzige Vanillegeschmack. Außer Vanillin sind 35 weitere Substanzen an der Aromabildung beteiligt. Daraus wird verständlich, dass synthetisch erzeugtes Vanillin nur ein mäßiger Ersatz für das Naturprodukt sein kann. Als wertvollste Sorte gilt »Bourbon-Vanille«, gefolgt von »Mexiko-« und »Tahiti-Vanille«.

Qualitativ hochwertige Vanilleschoten sollten dunkelbraun, biegsam, fettig-glänzend und an der Oberfläche mit Vanillekristallen besetzt sein. Billigware berechtigt zu Zweifeln an der Qualität; gespaltene Früchte gelten als minderwertig.

Im Handel ist Vanille in Form von ganzen Schoten, Pulver, Vanilleessenz und Vanillezucker (nicht zu verwechseln mit dem künstlich aromatisierten Vanillinzucker).
Verarbeitung: Aus den Schoten schabt man die benötigte Portion Mark heraus (etwa 5 cm pro halber Liter Flüssigkeit), löst es in wenig Flüssigkeit auf und gibt es den Speisen zu. Mit den verbleibenden Schoten kann man Zucker aromatisieren. Zusammen mit etwas Zucker lassen sich die kleingeschnittenen Schoten im Mörser pulverisieren. Vanille nimmt leicht andere Aromen an und muß deshalb luftdicht verpackt gelagert werden.
Verwendung: Vanille ist das bevorzugte Würzmittel für Süßspeisen wie Gebäcke, Aufläufe, Puddings, Speiseeis, süße warme und kalte Saucen, Milchgetränke, Trinkschokolade, Schlagsahne, außerdem zu Kakao-, Eier- und Vanillelikör (letzteren am besten mit Weinbrand ansetzen).

Wacholder

Juniperus communis
Familie: Cupressaceae
Feuerbaum, Kranawitt, Machandelbaum, Weihrauchbaum

Aussehen und Herkunft: Der langsamwachsende Gemeine Wacholder zählt zu den Zypressengewächsen und kommt in ganz Europa wildwachsend bis in 2500 m Höhe vor. Der zweihäusige, immergrüne Strauch besiedelt vorzugsweise sonnige, trockene Hänge und Heidelandschaften und kann bis zu 6 m hoch werden.

Seine blaugrünen stechenden Nadeln sind zu Dreierquirlen zusammengefaßt, die gelblichen Blüten im April und Mai eher unauffällig. Die Blaubeeren ähnelnden Scheinbeeren des Wacholders sind im ersten Jahr grün, gegen Ende des zweiten Jahres blauschwarz bereift, im dritten Jahr erntereif. Die aromatischsten Beeren liefern die nördlichen Mittelmeerländer und die Lüneburger Heide.

Inhaltsstoffe: Die Früchte enthalten ätherisches Öl mit Pinen, Terpinenol und anderen Terpenen, Flavonglykoside, Invertzucker (30 %), organische Säuren, Harz, Gerb- und Bitterstoffe.

Gewürz: Reifen Wacholderbeeren ist der balsamische Duft der Nadelhölzer zu Eigen. Ihr Geschmack ist süßlich-harzig mit bitterlicher Komponente. Sie sind als getrocknete Beeren und als Bestandteil von Fleisch- und Fischgewürzmischungen im Handel. Wacholderholz ist ein geschätztes Räucher- und Fassholz.

Verarbeitung: Wacholderbeeren zerquetschen und mitgaren.

Konservierung: Frisch gepflückte Wacholderbeeren einlagig ausbreiten und trocknen.

Verwendung: Wacholderbeeren werden vor allem zu Wildbeizen, Wildbraten (Reh, Hirsch, Wildschwein, Wildhasen und -kaninchen, Wildgeflügel) und Wildpasteten gebraucht, des weiteren zu Fischmarinaden und Fischsud, Pökelfleisch, Schinken, Sauerkraut und Wacholderschnäpsen (mit Doppelkorn ansetzen).

Grüne Vanilleschoten besitzen noch keinen Vanillegeschmack.

Gesundheitswert: Appetitanregend, harntreibend, blutreinigend, bekämpft Rheuma. Wegen der nierenreizenden Eigenschaften nicht anwenden bei Schwangerschaft und Nierenkrankheiten.

Noch heute wird die von Pfarrer Kneipp empfohlene Wacholderkur angewendet, bei der man mit drei gründlich zerkauten Beeren beginnt, täglich um eine Beere auf maximal 25 Beeren steigert und dann wieder täglich eine weglässt, bis die Anfangszahl erreicht ist. Öfter als ein- bis zweimal jährlich sollte die Kur allerdings nicht durchgeführt werden.

Wein

Vitis vinifera
Familie: Vitaceae
Echte Weinrebe

Aussehen und Herkunft: Der Kultivierungsbeginn des Weinstocks wird in der Altsteinzeit (um 10 000 v. Chr.) auf armenischem Gebiet vermutet. Als es schließlich gelang, aus der ursprünglich zweihäusigen Pflanze zwittrige Weinstöcke zu selektieren, war die Grundlage für die gezielte Züchtung bestimmter Sorten geschaffen. Die Echte Weinrebe ist eine raschwachsende Liane, die Sprosse mit verzweigten Ranken bildet. Die dekorativen Blätter sind groß, an der Basis herzförmig und äußerst vielgestaltig. Heute wachsen weltweit etwa 8000 Rebsorten in Europa von der Mittelmeerküste bis zur Mainlinie, in Kalifornien, Südamerika, Südafrika und Australien. Sie unterscheiden sich durch Form, Größe, Farbe, Duft und Geschmack der Trauben und nicht zuletzt durch die unterschiedliche Wärmebedürftigkeit beziehungsweise Frostempfindlichkeit der Stöcke.
Inhaltsstoffe: Reife Weintrauben enthalten neben 81 % Wasser etwa 16 % Fruchtzucker, viel Kalium und die Vitamine A, B_1, B_2, C und Niacin. Weitere Geschmacksbestandteile – insbesondere in den Weinblättern, aber auch in den Trauben – sind Gerbstoffe, Wein- und Äpfelsäure, Flavonoide und weinsaure Salze. Getrocknete Beeren weisen einen Zuckergehalt von 65 % auf. Bei der Weingärung wird der Zucker des Rebensaftes zum größten Teil in Alkohol umgesetzt, wobei Weinstein (saures Kaliumsalz der Weinsäure) abgeschieden wird. Im Zuge der Essiggärung schließlich entsteht aus dem Alkohol des Weines Essigsäure.
Gewürz: Als Würze dienen die sonnengetrockneten süßen Weinbeeren (helle Rosinen und Sultaninen sowie dunkle Korinthen), die frisch blanchierten oder in Salzlake eingelegten Weinblätter, der zu Wein vergorene Traubensaft und der aus Wein gewonnene feinwürzige Rot- oder Weißweinessig.
Verwendung: Trockene Weine verleihen Fleisch, Wild, Geflügel und Fischen eine delikate Note und erleichtern durch die enthaltene Weinsäure und Gerbstoffe die Fett- und Eiweißverdauung. Dabei gilt die Regel, dunkle (rote) Weine zu dunklem Fleisch (Rind, Wild, Lamm), Weißweine zu hellem Fleisch, Fisch und Geflügel zu verwenden. Durch Mitkochen verdampft der Alkohol, während das typische mildwürzige Weinaroma entsteht. Marinaden für Käse und Oliven und nicht zuletzt Sauerkraut sind weitere pikante Anwendungsgebiete für Weißweine. Schwere beziehungsweise spritzigleichte, blumige, fruchtige und liebliche Weinsorten dagegen eignen sich zu heißen und kalten Getränken (Punsch, Bowle und dergleichen) sowie zur Dessertbereitung (beispielsweise für Weincremes).

Weinessig säuert Salatdressings, Saucen, Marinaden, Mayonnaisen und Fischsud, ohne den Eigengeschmack der Speisen zu übertönen.

Getrocknete Weinbeeren verfeinern süßes Gebäck und Gebäckfüllungen, Quarkspeisen und Trockenfruchtriegel.

Auch Weinblätter oder getrocknete Weinbeeren können als Würze dienen.

Gesundheitswert: Dem Wein werden sehr vielseitige Wirkungen zugeschrieben, die in unterschiedlicher Ausprägung in den diversen Weinprodukten auftreten. Wein gilt als abführend, blutreinigend (zum Beispiel in Form der herbstlichen Traubenkur), senkt den Cholesterinspiegel, wirkt stimulierend und tonisch. Weinbeeren sind aufgrund des konzentrierten Fruchtzuckergehalts ein nahrhaftes, blutreinigendes Lebensmittel.

Der zu Wein vergorene Traubensaft gilt in Maßen genossen als verdauungsfördernd, antibakteriell, kreislaufanregend, cholesterinsenkend und schützt vor Infarkt. Während Weißwein harntreibende Eigenschaften besitzt, bewirken die im Rotwein in Form von Anthocyanen (Farbstoffe der pflanzlichen Zellflüssigkeit) enthaltenen Pigmente eine Stärkung der Venen und unterstützen die Blutbildung. Rotwein hat auch gefäßverengende Eigenschaften infolge des höheren Gehalts astringierend wirkender Gerbstoffe.

Trockene Weine sind bekömmlicher als liebliche Sorten, da letztere einen höheren Restzuckergehalt aufweisen.

Zitrone

Citrus limon, syn. *C. limonum*, *C. medica* var. *limon*, *C. m.* var. *limonum*

Familie: Rutaceae

Limone, Sauerzitrone

Aussehen und Herkunft: Die Heimat der Zitrusgewächse oder Agrumen liegt in den Wäldern Chinas und der indomalaiischen Inseln. Heute baut man zahlreiche Kultivare der Gattung *Citrus* außer im tropischen auch im subtropischen Klima der Alten und Neuen Welt an, wie Zitronen oder Limetten (*C. aurantiifolia*, siehe Seite 91), Apfelsinen (*C. sinensis*), Mandarinen (*C. deliciosa*), Grapefruits (*C.* × *paradisi*), Pomeranze oder Bitterorange (*C. aurantium*), Zedrat- oder Zitronatzitrone (*C. medica*) und Bergamotten (eine Pomeranzen-Art).

Der 5 bis 8 m hohe, stark verzweigte, immergrüne Zitronenbaum besitzt eiförmig zugespitzte, ledrige Blätter an bedornten Zweigen. Er bildet das ganze Jahr über betäubend duftende, rosaweiße Blüten sowie Früchte in allen Reifestadien. Die Beerenfrüchte sind im Längsschnitt oval und an den beiden Längsenden zu einer stumpfen Spitze ausgezogen. Das saftige Fruchtfleich ist in halbmondförmigen Segmenten um die Längsachse angeordnet.

Inhaltsstoffe: Die Früchte enthalten 3 bis 7 % Zitronensäure, Kalium, Fruchtzucker, flavonoidhaltige Glykoside, Pektin, Vitamin C, bis 7 % ätherisches Zitronenöl mit dem Hauptbestandteil Limonen, Citral und anderen Komponenten.

Gewürz: Die dünn abgeriebene oder gebänderte, bitter-aromatische Zitronenschale mit dem typisch frisch-aromatischen Duft sowie der saure Fruchtsaft sind ganzjährig frisch verfügbare Würzmittel. Man bevorzugt dünnschalige Zitronen, denn sie enthalten mehr ätherisches Öl als dickschalige Früchte. Nur die Schale von nicht mit Chemikalien behandelten Früchten darf verwendet werden. Getrocknete Zitronenschale ist unvermischt pulverisiert sowie in Zitronenpfeffer, Glühweingewürz und Zitronentee enthalten. Zitronensaft ist auch pasteurisiert erhältlich, dabei geht jedoch das feine Zitronenaroma teilweise verloren, nur die Säure bleibt erhalten. Kristallisierte Zitronensäure bekommt man auf türkischen Märkten. Bei uns ist sie vor allem in Apotheken erhältlich. Sie ist nützlich zur Geschmacksverstärkung in Marmeladen und anderen Obstspeisen.

Verwendung: Zitronensaft lässt Bratfisch und paniertes, kurzgebratenes Fleisch bekömmlicher werden. Er säuert Salatdressings, Saucen, Süßspeisen und Obstsalate, würzt Limonaden- und Erfrischungsgetränke, Cocktails, Zitronenlikör und – tropfenweise – Kräuterbutter.

Zitronenschale eignet sich zu süßen Gebäcken, Aufläufen, süßen Quarkspeisen, Glühwein und Punsch, Tees, Bowlen, Zitronen- und Bitterlikören, doch auch pikante Gerichte wie Salate, Saucen und kurzgebratenes Fleisch erhalten durch sie einen besonderen Reiz.

Gesundheitswert: Der Saft wirkt erfrischend, antiallergisch, fiebersenkend, als Vitamin-C-Spender, appetitanregend und blutstillend, die Schale als Antiseptikum und Duftstoff.

Gewürzmischungen und Gewürzzubereitungen

Gewürzmischungen und -zubereitungen ergänzen das Sortiment der Grundgewürze und helfen, während des Kochens – besonders wenn es schnell gehen muss – Zeit zu gewinnen.

Trockene Gewürzmischungen aus verschiedenen pulverisierten oder ganz belassenen Gewürzen sind überwiegend zweckgebunden, das heißt zum Würzen bestimmter Gerichte (zum Beispiel Brot, Gulasch, eingelegte Gemüse und dergleichen) bestimmt.

Würzsaucen und Würzpasten – roh, gekocht, fermentiert oder mazeriert – haben dagegen eher den Charakter von Grund- und Universalwürzmitteln ähnlich dem Salz und den Brühen und dienen darüber hinaus häufig auch als Tischgewürze.

Gewürzsalze schließlich können in Tafelgewürze und solche, die zum Kochen bestimmt sind, unterschieden werden.

Im folgenden werden eine Reihe im Handel erhältliche Würzmischungen und Würzzubereitungen vorgestellt, die es lohnt, auszuprobieren.

◁ *Dünnschalige Zitronen sind am aromatischsten und gehören neben Korianderkraut und Chillies als Zutat ins chilenische »Pebre«.*

Trockenmischungen aus Pulvern oder ganzen Gewürzen

Barbecuegewürz
Schwarzer Pfeffer, Paprika, Oregano, Thymian, Kreuzkümmel, Chilipfeffer, Curry, Geschmacksverstärker, Salz.

Bratengewürz
Pfeffer, Lorbeerblatt, Muskatnuss, Nelken, Knoblauch, Kurkuma, Zwiebeln, Piment, Kümmel, Salbei, Chili.

Brotgewürz
Kümmel, Koriander, Fenchel, Anis, Kardamom.

Chinagewürz
Madras-Currypulver, Paprika, Zwiebel, Koriander, Ingwer, Knoblauch, Anispfeffer.

Currypulver
Enthält bis zu 30 Gewürze, der überwiegende Teil kurz geröstet; vornehmlich Koriander, Schwarzer Pfeffer, Chillies, Kreuzkümmel, Kardamom, Nelken, Kurkuma, Bockshornkleesamen, Zimt, Ingwer, Fenchel, Knoblauch, Muskatnuss. Beim Kauf von Fertigmischungen verdienen original indische Mischungen den Vorzug.

Einlegegewürz
Senfkörner, Lorbeerblätter, schwarze Pfefferkörner, Dillblütendolden, Pimentkörner.

Fischgewürz
Weißer Pfeffer, Ingwer, Piment, Senf, Zwiebel, Lorbeerblatt, Chilipfeffer, Petersilie, Thymian, Dill- oder Fenchelblätter, Dillsamen.

Geflügelgewürzsalz
Salz, Paprika, Muskatblüte, Weißer Pfeffer, Chilipfeffer, Zwiebeln, Thymian, Oregano, Currypulver, Petersilie, Rosmarin, Salbei.

Gulaschgewürz
Überwiegend Paprika, Kümmel, Zwiebel, Knoblauch, Pfeffer, Nelken, Oregano oder Majoran, Koriander, Kurkuma, Senfmehl.

Hackfleischgewürz
Pfeffer, Chillies, Oregano oder Majoran, Thymian, Knoblauch, Zwiebel, Paprika, Muskatnuss, Nelken, Kümmel.

Italienische Kräuter
Basilikum, Thymian, Rosmarin, Oregano, Bohnenkraut, Salbei.

Knoblauchsalz
Salz, Knoblauchpulver.

Kräutersalz
Salz, Petersilie, Thymian, Kerbel, Dillspitzen, Liebstöckel, Sellerieblatt, Zwiebel, Knoblauch, Kümmel.

Lebkuchengewürz
Zimt, Sternanis, Nelken, Kardamom, Ingwer, Muskatblüte, Anis, Pomeranzen- und Zitronenschale, Piment.

Liebstöckelsalz
Salz, Liebstöckelblätter.

Obstgewürz
Zimt, Nelken, Sternanis, getrockneter Ingwer, Kardamom, Zitronengras.

Pastetengewürz
Weißer Pfeffer, Muskatblüte, Kardamom, Nelken, Ingwer, Zimt, Lorbeerblatt.

Provencekräuter
Thymian, Oregano, Rosmarin, Kerbel, Basilikum, Lavendelblütenknospen.

Salatgewürz
Petersilie, Schnittlauch, Kerbel, Dillspitzen, Zitronenmelisse.

Sauerbratengewürz
Koriander, Pfeffer, Wacholderbeeren, Lorbeerblatt, Senfkörner, Piment, Nelken, Ingwer, Muskatblüte, Paprika, Zimt, Zwiebel.

Schnitzelgewürz
Weißer Pfeffer, edelsüßer Paprika, Zwiebel, Knoblauch, Muskatnuss, Piment.

Steakgewürz
Schwarzer Pfeffer, Chilipfeffer, Zwiebel, Knoblauch, Oregano, Piment, Kreuzkümmel.

Wildgewürz
Lorbeerblatt, Pfeffer, Wacholderbeeren, Sellerieknolle, Steinpilze, Thymian, Rosmarin, Oregano, Koriander, Piment, Chilipfeffer, Muskatnuss, Liebstöckel, Senf, Zwiebel.

Würzsaucen

Barbecue- oder Grillsaucen
Gekochte Würzsauce, meist auf Tomatenbasis, aromatisiert mit Essig, Zucker, Salz, Zwiebeln, Tamarinde und Gewürzen wie Piment, Kreuzkümmel, Nelken, Lorbeerblatt, Gurken und dergleichen.

Fisch-Ketchups
Südostasiatische salzige Saucen aus fermentiertem Fisch, dünnflüssig, mit Sardellenextrakt, erhältlich in asiatischen Spezialitätengeschäften, vornehmlich für Liebhaber der südostasiatischen Küche.

Hoisin-Sauce
Chinesische musig-dunkelbraune Sauce aus Sojabohnen, Zucker, Pflaumen, Salz, Sesamsamen, Knoblauch, rotem Reis, Chilipfeffer, Stärke und Gewürzen. Erhältlich in asiatischen Spezialitäten-Geschäften.

Salsas
Nach mittelamerikanischem Vorbild scharf süßsaure, gekochte oder rohe, stückige Saucen auf Tomaten-, Paprika- oder Chilibasis, gewürzt mit Essig, Chilipfeffer, Kreuzkümmel, Korianderblättern, Knoblauch, Zwiebeln, Piment, Oregano, Salz.

Sojasauce
Aus dem Fernen Osten stammende, salzig-würzige Sauce, die aus gekochten Sojabohnen und eventuell Weizen durch Fermentation gewonnen wird. Grundwürze der chinesischen und japanischen Küche. Es gibt helle und dunkle Sojasauce. Die dunkle Sojasauce färbt Gerichte stark dunkel. Das kann erwünscht oder unerwünscht sein, daher ist Vorsicht angebracht.

Tabasco
Eingetragenes Warenzeichen für eine feurig-scharfe rote Sauce aus Chillies, Essig und Salz aus Louisiana, USA, die drei Jahre in Eichenfässern gereift ist. Sie ist extrem scharf und nur tropfenweise zu verwenden.

Tomatenketchup
Gekochte Würzsauce auf Tomatenbasis, gewürzt mit Essig, Zwiebeln, Knoblauch, Lorbeer, Piment, Nelken, Kreuzkümmel, eventuell Currypulver, Zucker, Salz und anderen Gewürzen.

Worcestershire-Sauce
Auf ein altes indisches Rezept zurückgehende, durch Mazeration gewonnene dunkelbraune, säuerlich-würzige Sauce aus Malzessig, Branntweinessig, Melasse, Zucker, Salz, Sardellen, Tamarinde, Schalotten, Knoblauch und anderen Gewürzen. Sie wird heute von verschiedenen Herstellern angeboten, doch ist das Original der englischen Firma Lea & Perrins unübertroffen.

Würzpasten

Ajwar
Pasteurisiertes Mus auf Paprika- und Tomatenbasis unter Zusatz von Aubergine, Peperonis, Knoblauch, Olivenöl, Essig und Salz.

Chutneys
Süß-scharf gewürztes, kaum saures stückiges Mus auf der Basis von Früchten, Fruchtgemüsen oder Würzkräutern. Kann roh oder gekocht sein, wird teelöffelweise zu den Gerichten als Tischwürze serviert. Im Handel sind Ingwer- und Mango-Chutney in Gläschen.

Curry-Pasten
Überaus scharfe Pasten auf Chiligrundlage mit verschiedenen Gewürzen, erhältlich in asiatischen Spezialitätengeschäften.

Harissa
Auf Chilibasis mit Olivenöl, Knoblauch, Salz und Gewürzen gekochte scharfe, rote Paste nordafrikanischer Herkunft, erhältlich in türkischen oder arabischen Lebensmittelgeschäften.

Krabbenpaste
Südostasiatische Spezialität, dunkelbraun, aus mit Salz fermentierten Krabben. In geringer Menge zu Gerichten der chinesischen und südostasiatischen Küche vorgeschrieben. In asiatischen Spezialitätengeschäften erhältlich.

Miso (Sojapaste)
Dunkelbraune, salzig-süßlich würzige Paste aus fermentierten gekochten Sojabohnen, teils durch Zugabe von Gerste, Reis oder Weizen geschmacklich variiert. Neben Sojasauce Grundgewürz der japanischen Küche. In Naturkostläden und japanischen Spezialitätengeschäften erhältlich.

Sambal manis
Süßlich-scharfe, dunkelbraune, gekochte Paste indonesischer Herkunft aus Zwiebeln, Chili, Zucker, Salz, Öl und verschiedenen Gewürzen (unter anderem Sternanis, Zitronengras).

Sambal oelek
Scharfe rote, pasteurisierte Paste indonesischen Ursprungs aus Chillies, Salz, eventuell Tamarinde und Öl.

Gewürz	Verwendeter Pflanzenteil	Geschmack	Verwendung	Gesundheitswert
Ajwain *(Trachyspermum ammi)*	Samen	brennendscharf, thymianartig	Fisch, Hülsenfrüchte, Käse, Eingelegtes	appetit- und verdauungsanregend, leberstützend, desinfizierend (Thymolwirkung)
Alant *(Inula helenium)*	Wurzelstock	harzig-bitter	Bitterliköre, Süßspeisen, Hustentee	galletreibend, hustenlindernd, wurmtreibend
Angelika *(Angelica archangelica)*	Wurzel	aromatisch-bitter, etwas scharf	Bitterliköre, Süßspeisen	appetitanregend, nervenstärkend, magen- und verdauungsstärkend
Anis *(Pimpinella anisum)*	Samen (Früchte)	süß-würzig, etwas scharf	Süßspeisen, Gebäck, Likör	krampf,- und hustenlindernd, milchbildend, atemerfrischend
Anispfeffer *(Zantoxylum piperitum)*	Samenschalen	bitterlich-scharf	Schmorgerichte der chinesischen Küche aus Fleisch, Fisch, Geflügel	verdauungsfördernd, antirheumatisch, antifungal
Asant *(Ferula assa-foetida)*	getrockneter Milchsaft	knoblauchähnlich, etwas scharf und bitter	Hülsenfrüchte, Fleisch, Fisch, Geflügel, Gemüsegerichte	krampflösend, beruhigend, darmreinigend, windtreibend
Bärlauch *(Allium ursinum)*	frische Blätter	würzig-scharf	Salate, Quark, Mayonnaisen, Kräuterbutter, Würzgarnierung	verdauungsanregend, blutdrucksenkend, desinfizierend
Basilikum *(Ocimum basilicum)*	Blätter	süßlich-frisch, würzig	Tomatengerichte, Fisch, Kräutersaucen, Pasteten, Salate	harmonisiert Verdauung, Nerven und Atemwege, milchbildend, beruhigend
Beifuß *(Artemisia vulgaris)*	Blütenrispen	bitterlich-würzig	Braten von Ente, Gans, Schwein, Aal; Schmalz	appetitanregend, magenstärkend, fördert die Fettverdauung
Bockshornklee *(Trigonella foenum graecum)*	Blätter, Samen	bitterlich-würzig	Currygerichte, Quark und Joghurt	appetitanregend, blutzuckersenkend, tonisch
Bohnenkraut *(Satureja hortensis; S. montana)*	Blätter	scharf-würzig	Bohnengerichte, Ragouts, Hammelbraten	entzündungswidrig, astringierend
Borretsch *(Borago officinalis)*	frische Blätter und Blüten	gurkenartig-frisch	Gurkengerichte, Kräutersaucen, Salate, Dressings	blutreinigend, abführend
Brunnenkresse *(Nasturtium officinalis; N. microphyllum)*	frische Triebspitzen	säuerlich-scharf	Salat, Kräuterbutter, Sauermilchprodukte	appetitanregend, blutreinigend
Chilli *(Capsicum frutescens)*	Früche in allen Reifestadien	beißend-scharf	Zu allen pikanten Speisen	verdauungsfördernd, kreislaufanregend
Curryblatt *(Murraya koenigii)*	Blätter	herb-aromatisch	Südindische Currygerichte	appetitanregend, antibakteriell
Dill *(Anethum graveolens)*	frische Blätter, Blütendolden, Samen	mild-würzig, frisch	Dillsaucen, Salate, Dressings, Fischmarinaden, Gurken	verdauungsanregend, milchbildend, beruhigend, windtreibend
Eberraute *(Artemisia abrotanum)*	Blätter	zitronig-bitter	Süßes Gebäck, Kräuteressig	appetitanregend, windtreibend, narbenbildend

Estragon *(Artemisia dracunculus)*	Sproßspitzen	feinwürzig, herb-bitter	Geflügel, Fisch, Omelettes, Saucen, Salate, Gurken	magenstärkend, antiseptisch, krampflösend
Fenchel *(Foeniculum vulgare Mill)*	Früchte, frische Blätter	süßlich-scharf, schwach bitter	Samen: Gebäck, Tee, Likör Blätter: Fisch, Salate, Kräuteressig, Spezialitäten der italienischen Küche	magenstärkend, krampflösend, hustenbekämpfend, windtreibend, milchbildend, atemerfrischend
Galgant *(Alpinia officinarum, A. galanga)*	Rhizom (Wurzelstock)	herb-scharf	Fleisch-, Fisch- und Gemüsegerichte der südöstasiatischen Küche, Lebkuchen, Magenbitter	magenstärkend, verdauungsfördernd, antibakteriell
Gewürznelke *(Syzygium aromaticum)*	Blütenknospen	feurig-aromatisch	Braten von Fleisch und Geflügel, Fischmarinaden, Rotkohl, Relishes, Obstkompotte, Rumtopf, süßes Gebäck, Glühwein, Liköre, Würzsaucen	desinfizierend, entzündungshemmend, beruhigend, verdauungsfördernd
Hopfen *(Humulus lupulus)*	Hopfenzapfen	würzig-bitter	Bier, Kräuterbitter, Schlaftees	beruhigend, verdauungsfördernd, appetitanregend
Ingwer *(Zingiber officinalis)*	Rhizom (Wurzelstock)	zitronenähnlich, süßlich-scharf	Fisch und Schalentiere, Currygerichte, Geflügel, Marinaden, Pickles, Chutneys, Obstspeisen, süßes Gebäck	erwärmend, verdauungsfördernd, erkältungswidrig, bekämpft Brechreiz
Kakao *(Theobroma cacao)*	fermentierte und geröstete Samen	herbbitter schokoladig	Schokolade, Trinkschokolade, süßes Gebäck, Desserts, Glasuren	nervenanregend, harntreibend, nährend
Kalmus *(Acorus calamus)*	Rhizom (Wurzelstock)	bitter mit Mandarinenduft	Kandiert als Konfekt, Süßspeisen, Bitter- und Orangenliköre	appetitanregend, magenstärkend
Kaper *(Capparis spinosa)*	eingelegte Blütenknospen	herbwürzig	Kapernsauce zu Fleisch, Fisch- und Eiergerichten; Salate, Käse, kalte Saucen, Garnierung	appetitanregend, verdauungsfördernd
Kapuzinerkresse *(Tropaeolum majus)*	frische Blätter, Blütenknospen, Blüten	scharfwürzig, ähnlich Gartenkresse	Kalte Saucen, Salate, Quark, Kräuterbutter, Kapernersatz (eingelegte Blütenknospen), Blüten als essbare Garnierung	appetitanregend, antibiotisch verdauungsfördernd, hustenberuhigend
Kardamom *(Elettaria cardamomum)*	Samen	süßlich bitter-scharf, eukalyptusähnlich	Currygerichte, Pasteten, Fleisch, Fisch, Pickles, Obstkompotte, süßes Gebäck, Gewürztee, Likör	magenstärkend, lindert nervöse Verdauungsstörungen, atemerfrischend
Kerbel *(Anthriscus cerefolium)*	Blätter	mildwürzig, anisähnlich	Kerbelsuppe, Brühen, Omelettes, Saucen, Dressings, Dips, Kräuterbutter	appetitanregend, blutreinigend, antiseptisch, gallen- und harntreibend, hustenberuhigend
Knoblauch *(Allium sativum)*	Knollen	scharf-aromatisch	Fleisch, Geflügel, Fisch, Wurst, Saucen, Sauermilchprodukte, Kräuterbutter, Öl	antibiotisch, blutreinigend, senkt hohen Blutdruck, beugt Arterienverkalkung vor, antidiabetisch, verjüngend

Gewürz	Verwendeter Pflanzenteil	Geschmack	Verwendung	Gesundheitswert
Koriander *(Coriandrum sativum)*	Samen, frische Blätter	Samen: mildwürzig Kraut: herbscharf	Samen: zu Currypulver, Fischmarinaden, Würsten, pikantem Gebäck, Lebkuchen Kraut: zu Speisen der chinesischen, indischen, arabischen und mittelamerikanischen Küche	appetitanregend, entzündungshemmend, windtreibend
Kresse (Garten-) *(Lepidium sativum)*	frische Blätter	pikant-scharf	Salate, kalte Saucen, Käse- und Quarkspeisen, Würzgarnierung	appetitanregend, blutreinigend, antibiotisch, leberfreundlich, Vitamin-C-Spender
Kreuzkümmel *(Cuminum cyminum)*	Samen (Früchte)	süßlich-scharf, schwach bitter	Currygerichte, Chutneys, Relishes, Dips, Würzsaucen	appetitanregend, tonisch, windtreibend
Kümmel *(Carum carvi)*	Samen, frische Blätter	Samen: herzhaft-würzig, scharf, Blätter: mild-würzig	Samen: zu fetten Braten, Gulasch, Suppen, Kartoffelgerichten, Krautspeisen, Würsten, pikanten Gebäck, Schnaps Blätter: zu Suppen, Quarkspeisen	löst Krämpfe der Verdauungsorgane, windtreibend, milchbildend
Kurkuma *(Curcuma longa)*	Rhizom (Wurzelstock)	erdig-bitter	Farb- und Würzstoff für Currygerichte, Grilladen, Saucen, Suppen, Pickles und Süßspeisen	leber-, gallen- und magenfreundlich
Lavendel *(Lavandula angustifolia)*	Blätter, Blütenknospen	parfümhaft, kühl-bitter	Fleisch, Fisch, Oliven, Käse, Teemischungen, Duftspender	entzündungshemmend, insektizid, gallen- und harntreibend, beruhigend
Liebstöckel *(Levisticum officinalis)*	Blätter, Wurzel, Samen	intensiv-würzig, maggiartig	Brühen, Suppen, Eintöpfe	appetitanregend, verdauungsfördernd, harn- und windtreibend
Lorbeer *(Laurus nobilis)*	2-jährige Blätter	aromatisch-bitter	Bratensaucen, Brühen, Suppen, Eintöpfe, Marinaden, Sülzen, Pickles, Würzessige und -öle	magenstärkend, entzündungshemmend, schweißtreibend
Majoran *(Origanum majorana)*	Blätter und Blütenknospen	feinwürzig, herb-bitter	Fleischgerichte, Hülsenfrüchte, Eintöpfe, Würste, helle Saucen	appetitanregend, regt die Magensaftsekretion an, windtreibend
Meerrettich *(Armoracia rusticana)*	frische Wurzel	würzig-scharf	Meerrettichsauce zu Fleisch, Meerrettichsahne zu Fisch, Geflügel, Eiern; Einlegegewürz	antianämisch, antiskorbutisch, harndesinfizierend, lindert Bronchialleiden
Minzen *(Menthae)*	Blätter	aromatisch-scharf, kühlend	Mint-Sauce zu Fleisch; Süßspeisen, Tee, Schnaps	entzündungshemmend, gallentriebend, verdauungsfördernd, krampflösend
Mohn *(Papaver somniferum)*	reife Samen	süßlich-bitterlich, ölig	Süße Küchenfüllungen, Würzgarnierung für pikantes Gebäck	nahrhaft
Muskat *(Myristica fragrans)*	Samenmantel und Samen	feurig-aromatisch, etwas bitter	Muskatnuss: Fleischgerichte, Aufläufe, Klöße, Kartoffeln, Spinat, Käsecreme, Süßspeisen Muskatblüte: Brühen, Meerestiere, Geflügel, Frikassees, Pasteten, Wurst, Gewürzkuchen, Lebkuchen	magenstärkend, nervenberuhigend, antirheumatisch, lindert Erkältungen

Myrte *(Myrtus communis)*	Blätter, Beeren	Blätter: aromatisch-herb, Beeren: herb-süß	Bratensaucen, Grilladen	antiseptisch, astringierend
Olive *(Olea europaea L.)*	entbitterte Früchte	ölig-aromatisch, etwas herb	Pizza, Salate, Käsespeisen, Garnierung	blutdrucksenkend, krampflösend, lindert Herz-Rhythmusstörungen, galletreibend, abführend
Oregano *(Origanum vulgare)*	Blätter	brennend-würzig, herb-bitter	Grilladen, Pizza, Hackfleisch- und Tomatengerichte, dicke Bohnen, Rohwürste, Schmalz, Chiliwürzsaucen	gallentreibend, hustenlindernd
Papaya *(Carica papaya)*	Samen	mäßig-scharf, kresseähnlich	Würzgarnierung für pikante Salate	nicht erforscht
Paprika *(Capsicum annuum)*	reife Früchte	fruchtig, süßlich-scharf	Pikante Gerichte aller Art, Würzgarnierung	appetitanregend, Brechreiz und Durchfall bekämpfend, Vitamin-C-Spender
Petersilie *(Petroselinum crispum; P. tuberosum)*	Blätter, Wurzeln	Blätter: herb-würzig, Wurzeln: süßlich-würzig	Blätter: als Würzgarnierung für pikante Speisen, zu kalten und warmen Saucen, Sauermilch-produkten; Wurzeln: zu Saucen, Suppen, Eintöpfen	appetitanregend, antianämisch, blutreinigend, tonisch
Pfeffer *(Piper nigrum)*	Steinfrüchte in allen Reifestadien	würzig-scharf	Pikante Speisen verschiedenster Art, Tischgewürz	verdauungsanregend, erwärmend
Pilze	Fruchtkörper	mild bis kräftig aromatisch	Pilzragouts, warme Saucen, Pasteten und Füllsel	appetitanregend
Piment *(Pimenta dioica)*	Früchte	nelkenähnlich, mäßig pfeffrig	Wildbeizen, Fischsud und -marinaden, Pasteten, Weihnachtsgebäcke	magenstärkend, verdauungsfördernd, blutdrucksenkend, windtreibend
Pimpinelle *(Sanguisorba minor)*	frische Blätter	frisch gurkenähnlich, etwas herb	Kräutersaucen, Dressings, Sauermilchprodukte, Kräuteressig	appetitanregend, wundheilend, entzündungshemmend, milchbildend
Rauke *(Eruca vesicaria* ssp. *sativa)*	frische Blätter, Samen	kresseähnlich scharf	Blätter zu Salaten, kalten Saucen, Quark- und Joghurtspeisen, Samen als Einlegegewürz und Würzgarnierung	antibakteriell, fördert die Fettverdauung, harntreibend
Rosmarin *(Rosmarinus officinalis)*	Blätter	balsamisch-kampherartig, bitter	Warme Saucen zu Fleisch, Geflügel und Fisch; Tomaten- und Käsespeisen, Kräuteröl, Grilladen	magen- und nervenstärkend, gallen-treibend, antirheumatisch, kreislauf-belebend, schlaffördernd, insektizid
Safran *(Crocus sativus)*	Blütennarben	arzneilich-bitter	Reisspeisen, Fischsuppen, Samen zu Meeresfrüchten und Geflügel, süße Gebäcke	tonisch, beruhigend, aphrodisisch
Salbei *(Salvia officinalis)*	Blätter	balsamisch, herb-bitter	Fette Braten von Fleisch, Wild, Geflügel, Füllsel, Pasteten, Käsespeisen, Kräuteröl	desinfizierend, antidiabetisch, gallentreibend, antiseptisch, wundheilend
Sauerampfer *(Rumex acetosa)*	frische Blätter	sauer-herb	Kräutersaucen, Suppen, Salate, Quark- und Joghurtspeisen	blutreinigend, abführend

Gewürz	Verwendeter Pflanzenteil	Geschmack	Verwendung	Gesundheitswert
Schabzigerklee *(Trigonella caerulea)*	getrocknete Blätter	bitterlich-würzig, liebstöckelähnlich	Käse- und Quarkspeisen, Bratkartoffeln, Rühreier	appetitanregend, verdauungsfördernd
Schalotte *(Allium ascalonicum)*	Zwiebel	zwiebelähnlich, feinwürzig	Gerichte mit Fleisch, Geflügel, Meerestieren; Käse; Pasteten und Terrinen	antibiotisch, abführend, ausleitend, herzstärkend, blutdrucksenkend
Schnittlauch *(Allium schoenoprasum, A. tuberosum)*	frische Blätter	scharf-würzig, zwiebelähnlich	Omelette, Frischkäse und Quark, Salate, Kräuterbutter, Garnierung für Suppen, Saucen, Eintöpfe	antiseptisch, harntreibend, abführend, Vitamin-C-Spender
Schwarzkümmel *(Nigella sativa)*	Samen	beißend-scharf, bitter	Streugarnierung für pikante Gebäcke	verdauungsanregend, stoffwechselstimulierend
Sellerie *(Apium graveolens)*	Blätter, Knolle, Samen	kräftig-würzig, etwas süßlich	Fleischbrühen, Eintöpfe, Bratensaucen, Suppen, Knollen auch als Salat oder Gemüsegericht	blutreinigend, tonisch, antirheumatisch, aphrodisisch, bekämpft Übergewicht
Senf *(Sinapis alba; Brassica juncea; B. nigra)*	Samen	würzig, brennend-scharf	Tafelsenf: zu Braten, Grilladen, Marinaden, Senfsaucen (warm und kalt) Senfkörner: als Einlegegewürz und zu Würsten	appetitanregend, erleichtert die Fettverdauung, antibakteriell, antirheumatisch, durchblutungsfördernd
Sesam *(Sesamum indicum)*	Samen	in gerösteter Form ölig-nussig	Streugarnierung, für Gebäcke, Sesammus: zu Saucen, Pasteten und Cremes	Aufbaumittel, nahrhaft, Calciumspender für Knochen und Zähne
Sojabohne *(Glycine max)*	fermentierte Samen	angenehm vollwürzig (salzig)	Grundwürze für Speisen der fernöstlichen Küche, Schnetzelfleisch, Fisch, Eier, Gemüse, Suppen, Saucen	nahrhaft, appetitanregend
Sternanis *(Illicium verum)*	Früchte	anisähnlich, etwas bitterlich	Schmorfleisch nach chinesischer Art, Pflaumenkompott, Lebkuchen, Anisliköre	verdauungsfördernd, krampflösend, hustenlindernd, windtreibend
Süßholz *(Glycyrrhiza glabra)*	Wurzeln	süßes Lakritzaroma	Lakritznaschwerk, Kräutertees	blutreinigend, hustenlindernd, magenfreundlich, verdauungsfördernd, tonisch
Sumachbeere *(Rhus coriaria)*	Früchte	fruchtig, säuerlich-herb	Säuerungsmittel für Saucen, Marinaden, Kebapgerichte	verdauungsfördernd, bekämpft Darminfektionen
Tamarinde *(Tamarindus indicus)*	Fruchtmark	herb-fruchtig, süß-sauer	Säuerungsmittel für Currygerichte, Chutneys, asiatische Ketchups, Erfrischungsgetränke	galletreibend, abführend, wurmtreibend
Thymian *(Thymus vulgaris)*	Blätter	brennend-würzig, etwas bitter	Fleisch- und Fischgerichte, Füllsel, Pasteten, Suppen, Eintöpfe, Käsespeisen, Kräuteröl	desinfizierend, appetitanregend, galletreibend, krampflösend, hustenlindernd, tonisch
Tomate *(Lycopersicon lycopersicum)*	Früchte	säuerlich-fruchtig	Tomatensaucen, Bratensaucen, Brühen, Suppen	appetitanregend, erfrischend, alkalisierend, harntreibend, abführend

Vanille *(Vanilla planifolia)*	fermentierte Samenkapseln	feinwürziger Vanillegeschmack	süße Aufläufe, Puddings, Gebäcke; Saucen, Milchgetränke, Schlagsahne, Liköre	appetitanregend
Wacholder *(Juniperus communis)*	Früchte	süßlich, bitterlich-harzig	Wildbeizen, Wildbraten, Wildpasteten, Fischmarinaden, Pökelfleisch, Schinken, Sauerkraut, Schnaps	appetitanregend, harntreibend, blutreinigend, antirheumatisch
Waldmeister *(Asperula odorata)*	Blätter	mild-aromatisch, schwach bitter	Maibowle	blutreinigend, galletreibend, beruhigend, insektenvertreibend
Wein *(Vitis vinifera)*	Früchte, Blätter	Früchte: süßlich-aromatisch, Wein: wein-würzig je nach Fruchtsorte und Alter Blätter: herb-würzig	Getrocknete Beeren: süßes Gebäck, süße Aufläufe, Quarkspeisen, Blätter: zum Umwickeln von Käse und Speisen der Mittelmeerküche, Wein: Saucen zu Fleisch, Wild und Geflügel, Fischsud, Käsemarinaden, Sauerkraut, Bowle, Punsch, Dessert-cremes	abführend, blutreinigend, tonisch
Weinraute *(Ruta graveoleons)*	Blätter	bitter-scharf mit weinartiger Note	Braten von Hammel, Schwein, Wildgeflügel, Ente und Gans; Füllsel und Pasteten, Käsespeisen	krampflösend, harntreibend, beruhigend
Wermut *(Artemisia absinthium)*	Blätter	aromatisch bitter	Braten von Hammel, Schwein und Gans, Wermutwein, Magenbitter	magenstärkend, galletreibend, desinfizierend, tonisch, wurmtreibend
Ysop *(Hyssopus officinalis)*	Blätter	süßlich-feinwürzig, herb-bitter	Ragouts, Füllsel, Pasteten, Fischgerichte, Kräutersaucen, Würzessig, Tee, Wein, Bitterliköre	appetitanregend, blutreinigend, lindert Atemwegserkrankungen
Zimt *(Cinnamomum verum; C. cassia)*	fermentierte Rinde	süßlich, herb-scharf	Süße Suppen, Aufläufe, Saucen, Desserts, Obstspeisen, Glühwein, Liköre; pikante Speisen wie Currygerichte, Chutneys, Pickles, Ketchup	magenstärkend, astringierend, antiseptisch, antimikrobiell, fungizid
Zitrone *(Citrus limon)*	Frucht, Fruchtschale	erfrischend, sauer, Schale bitter-aromatisch	Zitronensaft: Säuerungsmittel für pikante und süße Speisen Zitronenschale: Aromatikum für Süßspeisen und süße Getränke	Saft: erfrischend, fiebersenkend, Vitamin-C-Spender, appetitanregend, blutstillend Schale: antiseptisch, Duftstoff
Zitronengras *(Cymbopogon flexuosus; C. citratus)*	fleischige Halmbasis	süßlich-herb, an Zitrone erinnernd	Geflügel- und Fischgerichte der indonesischen Küche, Obstsalate, Kompotte	sedativ, harntreibend
Zitronenmelisse *(Melissa officinalis)*	Blätter	zitronenähnlich frisch und bitterlich-kühlend	Fischsud, Kräutersaucen, Dressings, Tee, Melissenwein	galltentreibend, krampflösend, beruhigend,, schlaffördernd, lindert nervöse Herzbeschwerden

Verzeichnisse

Literatur

Aichele, D. und M. Golte-Bechtle: Was blüht denn da? Franckh-Kosmos, Stuttgart 2005.

Ambrosi, H. (Hrsg.): Farbatlas Rebsorten – 300 Sorten und ihre Weine. 2. Auflage, Verlag Eugen Ulmer, Stuttgart 1998.

Aoyagi, A. und W. Shurtleff: Das Miso-Buch. Ahorn-Verlag, Soyen 1980.

Braun, H. und D. Frohne: Heilpflanzenlexikon für Ärzte und Apotheker. Gustav Fischer Verlag, Stuttgart 1987.

Bustorf-Hirsch, M. und M. Hirsch: Naturgemäß gärtnern. Reiche Ernte aus dem eigenen Garten. Bassermann-Verlag, Niedernhausen 1997.

Glatzel, H.: Die Gewürze – Ihre Wirkungen auf den gesunden und kranken Menschen. Herford 1968.

Gugenhan, E.: Gemüse aus dem eigenen Garten, Feingemüse- und Gewürzkräuteranbau – biologisch richtig. Franck'sche Verlagshandlung, Stuttgart 1976.

Link, H. und W. Titze: Der Nutzgarten. Verlag Eugen Ulmer, Stuttgart 1982.

Probst, G.: Die Bienenweide. Pietsch-Verlag, Stuttgart 1983.

Rosengarten, F.: The Book of Spices. Livingston Pbl. Co., o. O. 1969.

Stobart, T.: Gewürzlexikon. Otto-Maier-Verlag, Ravensburg 1987.

Vinod, V.: Ayurveda – Der Weg des gesunden Lebens. Otto Wilhelm Barth Verlag, München/Wien 1992.

Bildquellen

Susanne Koch-Glaß, Osnabrück: Kleine Umschlagfotos (außer Buchrücken), Seite 2, 5, 6, 8/9, 11, 12/13, 14, 16, 21, 22/23, 25, 26, 28, 29, 30, 33, 34/35, 36, 38, 40, 41, 42, 45, 46, 47, 50, 51, 54, 57, 63, 64, 66, 69, 71, 72, 77, 79, 82, 87, 88, 89, 90, 93, 94, 97, 98, 99, 101, 102, 104, 107, 108, 110, 113, 116.

Hans E. Laux, Biberach: Seite 37, 53, 61.

Hans Reinhard, Heiligkreuzsteinach: Seite 24 (Umschlagfoto Buchrücken), 78.

Fritz Schumann, Bad Dürkheim: Seite 115.

Sebastian Seidl, Altdorf: Seite 70.

Jürgen Sprenzel, Bad Cannstatt: Seite 1, 59.

Stockfood/Losito & Losito snc: Großes Umschlagfoto

Fridhelm Volk, Stuttgart: Seite 17, 19.

Register

Fett gedruckte Zahlen verweisen auf ausführliche Beschreibungen.
Zahlen mit * verweisen auf Abbildungen.

Bibliografische Information der Deutschen Bibliothek
Die Deutsche Bibliothek verzeichnet diese Publikation in der Deutschen Nationalbibliografie; detaillierte bibliografische Daten sind im Internet über http://dnb.ddb.de abrufbar.

Wollgrasweg 41
70599 Stuttgart (Hohenheim)
Lektorat: Ingeborg Ulmer, Carola Hils
Herstellung & DTP: Jürgen Sprenzel
Druck und Bindung: Appl, Wemding
Printed in Germany

ISBN-13: 978-3-8001-4923-0
ISBN-10: 3-8001-4923-0